親が読む

子どものための一生折れない

自信のつくり方

青木仁志

ACHIEVEMENT PUBLISHING

はじめに

親が与えられる最大のギフト

親が子どもに与えられる最大のギフトはなんでしょうか？
もちろん一番は生命です。
では、その次は？
わたしは自己愛だと思います。

自分のことが大好き。

親に十分に愛されて育った子どもは、そんな感覚をもっています。

自分を愛せる人は、他人と愛し愛される関係を築きます。自分が大好きだから、自分を信じることができる。自分をもっと喜ばせようと、理想の自分になる努力をします。

自分を愛せない人はどうでしょう?

愛が理解できず、他人とのつながりを失います。自分が嫌いなのでコンプレックスを抱えて、それを隠しながら、他人に認められる努力をします。

自己愛が高い子は、自分の内側に幸せを感じるようになります。

自己愛が低い子は、他人と比較して自分の外側に幸せを追い求めます。

どちらの子どもに育つのか。それを決めるのは、親の関わり方です。

わたしたちは、子どもたちに成長してほしいがゆえに、ついつい〝わからせよう〟とします。言い聞かせたり、叱ったり、時には罰を与えたり。それが大きな愛情からくるものであっても、子どもたちにはこう伝わっています。

「あなたはできないのだから、言うことを聞きなさい」

　確かにできていないかもしれません。そこを指摘されると、子どもたちは「わたしはできない人間なんだ」と受け取ります。こうした親の関わりによって、子どもたちの自信は奪われます。

　なぜ親は子どもを〝わからせよう〟とするのか？　そこには親子の関わり合いについての大きな誤解があります。

　わたしたちは、無意識で人をコントロールできると思い込んでいます。

「他人は他人。変えられないと思っています」

　そう感じた方もほんとうにそうでしょうか？

　たとえば、宿題をやってこなかったら怒られる。遅刻したら叱られる。

　これらを当たり前だと感じたら、あなたはずっと他人のコントロールにさらされてきたと言えます。

冷静に考えれば、先生はいくら怒ろうが、ペンを握らせようが、あなたに宿題をやらせることはできません。いくら叱っても学校に来させることはできません。行動の選択はあなたの手のうちにあります。

でも、小さいときはそんなふうに考えられません。先生に怒られるから、叱られるから、真面目に宿題もするし、遅刻もしないようにする。影響力の大きい相手に〝自分をコントロールする権利〟を分け与えてしまうのです。

もうひとつ例を挙げます。

何度注意しても、息子は服を脱ぎ散らかして直そうとしません。

はじめはやさしく注意します。しかし、全然言うことを聞かない。あなたは思いどおりにならないことに段々とイライラが募ります。

相手が自分をコントロールできるとは、裏を返せば、自分も相手をコントロールできるということです。

相手がしたくないことでも、自分の行動によってそうさせることができる。

この思い込みが〝わからせよう〟のはじまりです。

あなたは親という影響力のある立場ですから、子どもの行動を変えさせようと注意します。ただし、何度試みても息子は行動を変えません。とうとう、あなたはイライラしてしまいました。信じられないかもしれませんが、あなたは子どもにコントロールされてしまったのです。

このように、わたしたちは学校でも家庭でも職場でもコントロールする、もしくはされる関わり合いを続けてきました。でも本来、人間は自分のことしかコントロールできません。それを理解し、関わり方を変えれば、人間関係が円滑になり、お互いを縛ることなく、補い合うことができる。

この考え方が提唱されているのが選択理論心理学です。生みの親である故ウイリアム・グラッサー博士は、50年以上も学校教育に携わり、この理論の普及に尽力されました。

今日では世界60ヵ国以上に広がりをみせています。そこでは、ほとんどの生徒がAやBの成績を収め、遅刻などの問題行動が激減する学校が誕生するといった、信じられないような変化が起きています。

拙著『一生折れない自信のつくり方』でも選択理論心理学に触れています。教育関係の方々から、大きく共感していただいたのは、自信の源にある自己愛が、幼いころの親子関係に大きく左右されると述べたところでした。そのからくりはここまで書いたとおり、（無意識に）子どもをコントロールしようとする親の試みにあったのです。

本書では、まず親自身に「他人は自分をコントロールできない。自分をコントロールできるのは自分だけである」という事実を深く理解していただきます。そして、次に選択理論を基にした、子どもの自己愛が高まり、自己肯定感が育まれる具体的な関わり方を見ていきます。

人は、自分のコントロールを手放さなければ、他人に屈しない強い心が養われていきます。人生は自分の選択と努力によって切り拓いていけるものだという感覚が芽生え、自分で目標を決めて、実現に向けて努力していきます。

さらに、あらゆる行動が自分の選択ですから、うまくいかないことも他人のせいにしなくなります。

強い子に育ってほしい、勉強ができる子に育ってほしい、人の役に立つ子に育ってほしい、みんなに愛される子に育ってほしい。親の心配は尽きません。子どもの未来を切り拓くのは、子どもが自分自身の可能性に期待し続けられるようになる親の関わりです。

自信形成とは、なりたい自分になるための土台づくりです。すべては自分で選べることを知り、自分をコントロールできれば、一生折れない自信ができます。

もちろん、その過程で子どもは何度もつまずくでしょう。そのとき親にできることは、子どもの可能性を信じ、存在価値を伝え続けることです。

親子の温かい人間関係から子どもの自信は育まれます。温かい人間関係とは、誰かが真にわたしに関心をもち、わたしのことを気遣い、思っているといった親密な関係。誰かがわたしを愛している、またわたしもその人を愛しているという確信。こうした関係の成立と確信のことです。

この本では、子どもに自信が宿るこうした親子の関わり合いの内実を見ていきます。

何かができなくても、何かを手にしなくても、子どもはありのままで価値のある存在だと、親はわかっているはずです。

「子宝に恵まれたとわかったときは、親戚中で大喜びしたな」

「元気に生まれてきてくれただけで、感謝の気持ちが溢れてきたな」

「この子をはじめて抱いたときは、感動して涙が止まらなかったな」

お子さんが生まれたときのことを振り返りながら、温かく、穏やかで、やさしい気持ちで読み進めていただけたらうれしいです。

親が読む　子どものための

一生折れない自信のつくり方

目次

はじめに　親が与えられる最大のギフト……1

第Ⅰ部　**一生折れない自信をつくる**

自信の正体とは？……16
子育てにおける自信形成……18
他人からの信頼を自信に変える……22
親がどこまで手助けするべきか？……24
恐れが最大の障害になる……28

第Ⅱ部　**親の自信を確立する**

正しい子育てに悩んだときには ……… 34
一人で背負いすぎない ……… 40
子どもにコントロールされない方法 ……… 42
イライラの処理の仕方 ……… 46
パートナーの協力が得られなかったら ……… 50
パートナーに子育て参加してもらう秘訣 ……… 54
夫婦で教育観が違ったら ……… 56

第Ⅲ部　子どものための一生折れない自信のつくり方

やり方よりも大事な親のあり方 ……… 62
家は安心して帰れる場所 ……… 64
学校に期待すること、しないこと ……… 66

勉強や成功よりも大切にしたいもの……70
子どもを幸せにできる唯一の方法……72
7つの致命的習慣、思いやりを示す7つの習慣……74
自信過剰にならない認め方……80
子どもを素直に認められないときには……82
甘やかすと甘えさせるの違い……86
子どもが自信を失ってしまったら……90
子どもの納得が必要な理由……94
宝探しは子どもにさせる……100
子どもの習慣形成に必要なもの……104
子どもへの期待のかけ方　その1……108
子どもへの期待のかけ方　その2……110
他人の子どもと比較して起きること……114
子どものつく嘘との向き合い方……118

きつく叱るべきとき……122
子どもが非行化する原因……128
思春期の子どもとの関わり合い……130
約束・ルールを守らないときは……134
訓練と罰の違い……138
「親の背中を見せて育てる」の落とし穴……144
子どもが他人の悪口を言ったときには……146
社会人になったら経済的に独立させる……152
１００点満点の親はいない……154
あとがき

第Ⅰ部

一生折れない自信をつくる

自信の正体とは？

自信とは、自己信頼感や自己肯定感のことです。もっと簡単に言うならば、自分で自分をどう見ているか、自分で自分をどう評価しているかという、自分という人間に対する思い込みです。

子どもたちは、毎日新しいものに出会い、触れ、感じ、知識や経験として自分の中に蓄えていきます。そのときに自分を信頼している子ほど、新しいことにも恐れなく積極的にチャレンジしていきます。

反対に自分のことが信頼できていないと、何かをやろうとするときに「どうせ失敗する」「失敗をして笑い者にされる」「やったことを後悔する」と恐怖心が生まれて、行動に踏みきれません。新しい経験や発見もなくなります。自分を信頼できないと、自分で自分の可能性に蓋をしてしまうのです。

生きるってすばらしい。
世界は喜びに満ちている。
世の中のためになることをしたい。
たくさんの人を喜ばせたい。
自分ならそれができる。

「自分には価値がある」「自分は信頼できる人間だ」という感覚があれば、生きることが喜びになります。肯定的な世界観は、他人の価値を認めることにもつながっていきます。自分も価値があるし、他人も同じように価値がある。そう思えるから、人の役に立つことも我が喜びとなるのです。

このような子どもの自己信頼感、自己肯定感は、親子関係から育まれます。親と子がお互いに関心をもって、価値を認め、信じ合っているという確信のある関係を築くことで、子どもに自信が宿るのです。

子育てにおける自信形成

子どもの自信形成は親子の信頼関係から始まると言いました。

「わたしは子どもの価値を認めているし、信頼もしています」

そう思われた方も、つい子どもたちにこんな言葉をかけていませんか？


「ごはんの前に早く宿題を終わらせちゃいなさい」

「またおもちゃを出しっ放しにして！　何度言ったらわかるの？」

「ほら、ジュースをこぼした。だから気をつけなさいって言ったでしょ」


親と子の関係は、上司と部下の関係に似ているところがあります。

デキる上司は、部下が主体性をもって働けるようサポート役に回ります。

効率を最優先に考えれば、あれこれ指示や命令をしたほうが早い。でも、部下の成長を第一に、「きみはどうしたい？」「どうすればいいと思う？」「わたしにサポートできることは何かある？」と部下の意見を引き出し、本人が納得して出した答えを尊重し、やらせてみます。

部下の行動を見守りながら、細かいことは口出しせずに、何かあれば最終的な責任は自分が取ります。

失敗しても成功しても、懸命に取り組んだことに対しては承認を与えて、次はどんな改善ができるのか部下の自己評価を促します。

人は自分で答えを出して、そのとおりにやって成功するから自信がつきます。そうした体験を積み重ねると、誰もやったことがないようなことでも、同じように自分で考え、答えを導き出し、挑戦できるようになります。

なんだか、子育てに似ていませんか？

自信は「自らを信ずる」と書くように、人から与えられるものではありません。本人が体験や経験を通じて育んでいくものです。

『一生折れない自信のつくり方』ではこう記しました。

「自信は、自分の思考が実現すればするほど大きくなります。『こうしよう』と決めて、それを自分の力で現実化した。それまでできなかったことが、学習や訓練によってできるようになった。こうした成功体験、突破体験をしたとき、小さな自信が生まれ、これを繰り返すことによって、少しずつ大きな自信になっていきます」

一方的な指導で与えられた答えは、子どもの成功体験にはなりません。子どもが心から「こうしよう」と決めていないからです。

親は子どもに成功体験を与えることはできません。親が子どもにできることは、子どもが自ら考え、粘り強く取り組み、達成するために背中を押し続けることだけです。

そのひとつが、子どもが「できる！」という気持ちを実感できる親の関わりです。

うまくいかなくて困っていないか、成功体験を味わえているかをつねに気にかけましょう。

結果が出ていなくても、頑張っている事実を承認しましょう。

頑張っていなくても、ありのままの存在を認めましょう。

直接教えることだけが支援ではありません。「あなたは必ずできるよ」と信頼感を言葉にして待つことも子どもの助けになります。

話を聞いたり、励ましたり、受容したり、子どもたちが自分の考えに自信をもって取り組めるように支援をします。後述しますが、これらを選択理論では「思いやりを示す7つの習慣」と呼びます。

何が起きても、親は絶対に自分の味方でいてくれる。こうした親の愛情を感じられることが、子どもが安心して自信を育める環境です。

他人からの信頼を自信に変える

子どもにとってはあらゆることがはじめての体験。子どもは不安、恐れが先行して、足踏みしながら少しずつ前に進んでいきます。

親が子どもに成功体験を与えることはできないと言いました。ただ子どもが自信をもてなくても、親からの信頼があれば、自分を肯定できるようになります。それは借りものの自信かもしれませんが、いつしかそれが本物の自信に変わっていきます。

「あなたを愛している。お父さんとお母さんはずっとあなたを応援するよ」

ありのままの自分を肯定してくれる人がいる。その感覚が子どもたちの大きな力になります。

「○○は、お父さんたちにとってかけがえのない存在だ」

「お母さんはあなたを愛しているよ」

こうした愛の言葉は、ときに疎ましく思われることもあるかもしれませんが、わたしは照れ隠しせず、子どもたちへ素直にかけ続けます。

言葉の意味を子どもたちがどう受け取るかはわからないので、親にできるのは、温かい言葉を率直に子どもたちへ伝えることだけです。


ただし、親の信頼感が期待感に変わると、子どものプレッシャーになる恐れがあるので注意が必要です。小出義雄監督は、有森裕子さんがまだ無名の時代に、彼女の手を掴んでこう言ったそうです。

「有森くん、きみは大きい手をしているなあ。これは世界を掴む手だなあ」

もしこれが「きみはわたしの生きがいだ。監督人生を賭けて必ず成功させる」「きみなら絶対にオリンピックでメダルを取れる」と言っていたら、プレッシャーになったかもしれません。目の付けどころ、言葉のセンスなど、なかなか真似はできませんが、さすがは名コーチだと感心しました。

親がどこまで手助けするべきか？

お母さんは悩んでいました。

小学3年生の息子。算数が苦手でわからない問題があるとすぐに「できない」とあきらめてしまいます。はじめは励まして挑戦させていたのですが、「わからないよ。できないよ」と涙を流して訴える息子の姿に「もう、いいのよ。今日はこのぐらいにしましょう」とやめさせてしまいました。

このままでは算数が苦手なままになってしまいます。とはいえ、できないことを子どもに続けさせるのもかわいそうに思えてならない。

子どもが困難にぶつかっているとき、親にできることは2つあります。

ひとつは、ここまで述べてきたように子どもを受容し、ありのままを承認すること。もうひとつは、子どもが自分の問題を解決するために、よい選択ができるよう導くことです。

苦手な算数を克服したければ、宿題よりも易しい問題を用意して親が一緒に勉強をみる、よい家庭教師をつける、指導のうまい先生がいる塾を探すなど、前向きな解決策はいくつかあります。

「この子はわたしに似て算数が苦手なんだ。できなくても仕方がない」とあきらめるのは早すぎます。「これ以上はかわいそうだから」と問題から目を背けさせても解決にはなりません。

学年でビリだった女の子がカリスマ塾講師と出会い、1年で偏差値を40上げて、慶応大学に合格するという実話をまとめた本がベストセラーになりました。勉強ができないとあきらめてしまうのは、勉強の面白さがわかっていないだけ。教え方の上手な先生との出会いや、先生のことが好きになって勉強が楽しくなり、急にできるようになることは珍しくありません。

ただし、こうした人との出会いによる化学変化も、子どもの心の中に「やりたい」という種があるから期待できます。やらされ感があるところに主体性は生まれにくいもの。

ですから、親は選択肢を提示しても、選ぶ選ばないは子どもたちの判断に任せてください。それが大きな決断なら「なぜその方法を選ぶのか?」「どんなことを期待しているのか?」を質問して、決断の理由を明確にする手伝いをしましょう。

じつは、子どもが親に気を遣って親の望む道を選んでいる可能性もあります。本人に「自分が選んだ」という実感がなければ、投げ出しがちになりますし、うまくいかなければ人のせいにします。

失敗も子どもにとっては大切な経験です。自分で選んだことなら、うまくいかなかったときも反省して改善案を考えたり、やり遂げられなかったとしても「あの経験が糧になったな」と思えるようになります。
また、目的が曖昧だと得られる成果がわかりにくいので、達成感を味わいにくくなります。親は質問することで、「なんとなく」ではなく子どもたちが決断した理由を整理できるよう手助けをしましょう。

一旦選んだ道でも、途中で壁にぶつかり、心が折れてしまいそうなときがくるかもしれません。そのときには受容し、励ましましょう。そして、ふたたび最善と思える解決の選択肢をいくつか再提案することです。

繰り返しますが、何よりも本人の意思を尊重することです。これは勉強に限ったことではなく、部活動でも習い事でもすべて同じです。
難問にぶつかっても、手を尽くせば解決策はある。そうした前向きであきらめない気持ちは、本人が決めたやり方で試行錯誤するから培われていくものです。

恐れが最大の障害になる

小さな目標を立てて「できた」という小さな自信を得る。
少しだけ高い目標にして、また「できた」という小さな自信を得る。
こうした小さな成功体験の積み重ねによって、子どもたちの自信は育まれていきます。

17級　顔付け
16級　開眼
15級　潜り（5秒間）
14級　ビート板を使ってのけのび
13級　けのび

知人の4歳の女の子が通う、水泳教室の進級テストの課題です。プールの水に顔を付けるところから始まって、水の中で目を開ける、水の中に潜る……などと、課題を小さく刻んで、達成感が味わえるように工夫されています。

最初は水の中で目を開けるのも怖くて泣き出す子がけっこういるそうですが、ひとつ課題を乗り越えると面白くなって、次の課題にもチャレンジしてみようという意欲が生まれるようです。

自信形成の最大の障害は恐れです。恐れは行動を抑止します。恐れを取り除くには「絶対に達成できる」レベルから徐々にハードルを上げていくことです。一生折れない自信といっても、劇的な成功体験など必要なく、できることを意識的に積み上げていけば、崩れない、強固な自信がつくられます。

わたしが公園で犬の散歩をしていたときのことです。バドミントンを楽しむ親子の姿がありました。２人の様子を見ながら歩いていると、父親が思いがけない言葉を口にしました。

羽根を打ち損ねた息子を「へぼ」とののしったのです。

強い口調ではありませんでしたが、傍から聞いていても、あまりいい気持ちはしませんでした。

その後も男の子が失敗をするたびに「へぼ」と浴びせます。

そのうちに男の子も我慢できなくなったのでしょう。「くそっ！」とフルスイングし、羽根を強く打ち込みました。そこで父親が捕れないと、すかさず「へぼ」と強く言いました。


父親は息子を奮起させようとしての言葉がけだったのでしょうが、こうした関わり合いでは、子どもに自信はつきません。それは、父親がミスをしたときに発した男の子の言葉が物語っています。「できた！」ではなく「へぼ」と言い返したのですから。

悔しい思いをした子どもが、また父親と一緒にバドミントンをしたいと思うでしょうか？　男の子は、悔しさと同時に〝へぼな自分〟を味わわされる経験をして、自己肯定感が下がったに違いありません。

無理矢理ほめたり、過度に称賛する必要はありませんが、子どもの自信形成を考えれば、ミスをしても「よし、次、頑張ろう」「ドンマイ、もう1本いこう」と励ますのがいいのです。

「子どもだからといって甘やかすと、強い子に育たない」
「子どもには厳しく接したほうが自立心が芽生える」

このように言われることもありますが、根本の部分で自分を信頼できていない人間が、将来、強くたくましくなれるでしょうか？

子どもに世間の厳しい部分も知ってほしければ、規律の厳しい学校に入れるなど、それが味わえる環境づくりをすることです。ただし、その経験が子どもの糧になるのは、本人が自分でその道を選んだときだけです。

第Ⅱ部

親の自信を確立する

正しい子育てに悩んだときには

あるお母さんがこんな不安を口にされていました。

「子育ての本を読むたびにできない自分にがっかりします」

同じような悩みをもった親御さんがけっこういると聞きます。書店に足を運べば、子育てに関する本がたくさんあります。

「はじめての〜」「男の子の〜」「女の子の〜」「勉強ができる子の〜」「ほめて伸ばす〜」「怒らない、叱らない〜」などなど。

書棚にずらりと並べられた本を前に、どれを読めばいいのかわからなくなるほどです。


本を読んで落ち込んでしまうようなら、読まないようにする。それもひとつの案ですが、これだけ揃っていると知らない顔はできません。

わたしたちの親も、そのまた親も、みんな自分の育てられ方を参考に、自分が正しいと思ったことを一所懸命やってきたのだとわたしは思います。そうは言っても……。なんらかの指針がないと「わたしの子育ては正しいの？」と不安になってしまう人もいるかもしれません。

何を基準に子育てすればいいのか？

選択理論では、子どもの成長、幸せ、成功を親子で分かち合うことを念頭に置いています。その土台にあるものは親子の親しい関係です。どんなときでも問題とすべきは相手ではありません。親子の関係性です。今すぐ解決できないことが問題になっているだけで、信頼関係があれば、解決に向けて協力できることは必ずあります。親子に幾たびも振りかかる問題を解決するためには、お互いの距離が離れるような行為はどんなことでも避けるべきです。

子育ては難しく考えなくていいのです。

人と人の関係の中で「何がよくて何がよくないのか」を考えながら、「自分がされたら嫌なことは相手にもしない」と子どもに伝えていく。

人を叩く人と叩かない人、どちらのほうが人と仲良くなれるか。

約束を守る人と守らない人、どちらのほうが人から信用されるか。

困ったときに助けてくれる人と知らん顔する人、どちらのほうが人から慕われるか。

難しい本を読まなくても、みんなその答えを知っています。

勉強ができる、スポーツができるというのは、そのあとについてくるものです。生き方の根っこの部分がずれていたら、どんなにめざましい成果を収めたとしても、よい人生を送ることはできないでしょう。

お金持ちになる、有名になる、名なり功なりを挙げる。

成功したいと多くの人が考えていますが、それで幸せかと言えばそうとは限りません。

莫大な財産を築いた人も仕事に打ち込みすぎて配偶者との関係が悪くなったり、それが原因で子どもが非行したり、肉体や精神の病を抱えたり……。

どんなに世間から認められても、幸せかどうかは、本人にしかわからないのです。

子どもには一度聞けば間違いを学習する力があります。また、親の望みもわかっています。ですから、どんなときでも子どもを拒否しないこと。子どもは親が強制できる場面でも傾聴してくれたり、同意できなくても受け入れてくれる姿を見て、間違いを正し、親と成功を分かち合おうとします。

親は子どもに子ども自身の間違いから学んでもらいたいと伝えることです。

そして、もし親から見て、子どもが後悔する選択をしかねないと感じたときには、話し合いによって、より満足できる選択肢を一緒に見つけましょう。

子育て本を読んで「できない」と落ち込んでしまう方は、あれこれ欲張らずに、世の中の変わらない大切な価値観を子どもたちに伝えて、本人が自らの選択によって学んでいく手助けをすればいいのです。

少し余裕が出てきたら、子育て本の中で取り入れたいことをひとつ選び、実践してみましょう。

ひとつできたら、またその本の新しい項目を選んでやってみる。それもできたら、また次の項目を選び、実践する。

これを繰り返していくことで、できることが次々と増え、気がついたときには、できることのほうが多くなっているはずです。

子どもの自信も同じように育まれていきます。小さな成功体験を積み上げていくことでだんだんと大きな自信になり、やがて一生折れない自信へと昇華していくのです。

子どもの自信を育むためには、親の自信が求められます。そのためには親が子育てするにあたり、大切にすべき価値観に生きていなければなりません。大切な価値観とはこれまで述べたとおりシンプルで、すでに知っていることですから安心してください。

親と言っても、子育てははじめての体験です。時には子どもとの関係を悪くしたり、代わりにやってしまったり、正しさを押しつけて子どもの自信をなくすような言葉がけをしてしまうかもしれません。子どもを育てながら、親も一緒に成長していくものですから、自分にできることを少しずつ始めてみればいいのです。

一人で背負いすぎない

「いまは何より子どもの幸せを優先すべきで、自分の幸せを考える時期ではありません」

まじめな親御さんほどこう考えて、すべてを背負い込んでしまうようです。人によっては、それ以外に「道はない」と思い込んでしまっています。

親が幸せそうだから、子どもも幸せを感じます。

お父さんもお母さんもお子さんもみんなで幸せになりましょう。

子育てが苦しくてたまらなければ、パートナー、自分の親、ママ友、ヘルパー、カウンセラー……。

心の余裕がもてるように人の力を借りて、自分で自分を満たしてあげる時間をつくりましょう。そのためには自分から「力になってほしい」と助けを求めることは家族のためです。

パートナーの協力が期待できないようなら、ベビーシッターやホームヘルパーを雇ったり、保育園や幼稚園に預けてもいいのです。

お金はかかりますが、親の心が不安定な状態で子どもに接すると、イライラをぶつけてしまうことにもなりかねませんし、親が無理している様子は子どもにも必ず伝わります。

子どもを寝かしつけたあとに自分の趣味を楽しんだり、パートナーに子どもの面倒をみてもらうよう頼んで散歩に出かけたり。子どもを保育園に預けて働きに出るのもいいと思います。少しでも働くだけで気分は全く違ってきます。１日１時間でも、子育て以外のことに意識を向けて、煮詰まらないようにする工夫が大切です。

親子で完璧を期待しなくていいのです。つねに完璧であろうとする親よりも不完全さを認める親のほうが、子どもにとってははるかに信頼できます。

子どもにコントロールされない方法

朝、犬を散歩に連れて行ったところ、なかなかウンチをしてくれません。早く家に戻って仕事の支度をしたいのに、そういうときに限ってなかなかしてくれない。

「もうそろそろしてもいいんじゃないか」と思うけれどしない。段々と焦り出し、終いには「早くして。そろそろ戻るよ」と言葉が通じないのに命令してしまいます。

結局しないで戻ってきたら、家に着いた途端に「クンクン」と泣き始める。今ごろになってウンチをしたくなってしまったのです。

「だから言っただろう……」と声を荒げそうになりますが、文句を言ったところでわかるはずがありません。もう一度、犬を連れて家を出ます。

あとになって気がつきます。

「ああ、自分は犬にコントロールされていた。だからイライラして、大声を上げそうになってしまったのだ」

子どもが生まれて最初におぼえるのが親をコントロールすることです。動物の赤ちゃんは、生まれてからすぐに立ち上がったり、親のおっぱいを探すことができますが、人間の赤ん坊は泣くことしかできません。泣いて不快感を示し、親に世話をしてもらって自分の欲求を満たそうとします。

そんな赤ん坊にずっと接していたら親とはいえ心身共に疲労します。

子育てをする女性の中で一番ストレス度が高いのは専業主婦、次がフルタイムで働いている女性、一番少ないのは短時間労働（パートタイム）で働いている女性という統計データがあります。専業主婦のストレス度が一番高いのは、1日の大半を子どもにコントロールされ続けるからでしょう。

感情をコントロールできるようになれば、どんなに子育てがラクになるか。

こんなふうに思われるかもしれませんが、残念ながら感情はコントロールできません。

冒頭で紹介した犬の話でも、相手に何を言っても通用しないとわかりつつ、イライラしてしまうのです。怒りが収まらなければ、腹いせに犬にエサをあげなかったり、罰を与えるかもしれません。


湧き上がってくる感情はどうしようもありません。でも、犬にどれだけ引っ張り回されても怒らない人もいます。

「このあたりは、みんなおまえの縄張りだもんな。守るためには色々と歩いて回らないといけないもんな」

こんなふうに犬をゆるせるのは、自分の知覚を合わせられるからです。

「赤ん坊だから泣くことしかできない。泣くのは当たり前。何が不愉快なんだろう?」

知覚を合わせることでイライラが少し収まります。

感情は自然と湧き上がるものです。ただ思考と行為を変えることで、感情を間接的にコントロールすることはできます。

たとえば、いつもニコニコ顔のベテラン保育士さんになったつもりで自分の子どもと向き合ってみる。すると「子どもが言うことを聞かないときにどう接するか」「泣き止まないときにどうあやすか」「グズグズと言い始めたときにどうやってなだめるか」とイメージするようになります。ベテラン保育士さんの心の余裕が出てきます。

さらに不思議なことに、一度、そのような体験をすると、次からは役を演じることなく、それに近いことができるようになります。

それをしないのは、「イライラを解消するよい方法を知らない」からか、「怒りを鎮めるよりもイライラするほうがラク」だからです。選択理論ではイライラを自ら選んでいると言います。だから子どもにコントロールされそうになって湧いてくる感情も、思考や行動しだいで変えることもできます。

イライラの処理の仕方

グラッサー博士は、人は遺伝子に組み込まれた5つの基本的欲求（生存、愛・所属、力、自由、楽しみ）を満たすために行動すると言っています。

何かしてほしいときにわたしたち大人は言葉を使いますが、子どもは、泣いたり、ぐずったり、暴れたりすることで相手に自分の欲していることを伝えようとします。

そこで子どもを抱き上げたり、ミルクを与えたり、遊んであげると子どもは泣き止みます。欲求が満たされたからです。

子どもは、自分の欲求を満たすために、泣いて親をコントロールしようとします。

そして自分の欲求が満たされれば安心します。

今、泣いた子はすぐに笑います。

子どもの言動に対して、過剰に反応しないことも、イライラを溜めないコツです。嵐ほど早く過ぎ去るものです。


先日、天気がよかったのでクルマの洗車をしました。ところが夕方に突然の激しい雨に見舞われました。

「ああ、洗わなければよかった」と思いました。洗車してすぐ雨に降られたら誰でも残念な気分になります。

しかし、これも捉え方次第で感じ方は違ってきます。

「雨が降るまでは、クルマがきれいになって気分がよかった。それでいいじゃないか」

このように考えると少し気分が晴れてきます。物事は肯定的に捉えるようにする。そのほうがずっと幸せな気分になれるのです。

子どもも天気と似たところがあって、笑ったり泣いたりをコロコロと繰り返します。さっきまで快晴だったのに、いきなりの土砂降りなんてことも珍しくありません。

「ふざけるな」

「いい加減にしろ」

何度怒ったところで天気は変えられません。子どもだって同じ。子どもは笑ったり泣いたりを繰り返すものです。

イライラしてしまったら、まずイライラしていると、自分を認めましょう。認めたくないのは不安になるからです。イライラの原因は相手にあると思ったほうが気持ちがラクになるからです。原因は自分にも相手にもありません。お互いの願望の違いにより、満足いく関係が一時的に崩れてしまっていることが原因です。

イライラしているかぎり、イライラは解決できません。今すぐ問題は解決しないかもしれません。でも、問題解決のために、今すぐできることはあります。まずは相手の求めているものを知りましょう。


「子どもは何を求めているのか?」

「夫は何を求めているのか?」

「妻は何を求めているのか?」


相手は自分のことを意図して困らせようとしているのではなく、本人の欲求を満たすために行動しているだけです。多くは力の欲求や自由の欲求です。

相手の求めているものがわかると、「ああ、きっとあの時はこうしてほしかったんだな」と相手の気持ちに共感できます。そして「あなたはこうして欲しいと思っているかもしれないけれど、わたしは求めているものが違う。こういう方法はどう?」と交渉できます。お互いの欲求を満たす行動を話し合いで見つけていきましょう。

パートナーの協力が得られなかったら

3人のお子さんがいる主婦の方からのご相談です。

「わたしは3人の男の子を育てる専業主婦です。7歳をかしらに、5歳、1歳、みんな男の子です。

夫は仕事で家を空けることが多く、子育てを手伝ってくれるどころか、ろくに話をする時間もありません。子どものことで相談したいことがあっても『今は忙しいからあとにしてくれ』と言われてそれっきりです。

子どもはそれぞれに手がかかり、夫は協力してくれない。不満とイライラばかり募ります。だんだんとそんな自分が嫌になってきました。どうしたらいいでしょうか？」

切実な悩みです。すぐに手を打たないとお母さんが壊れてしまいそうです。

お子さんはお子さんで毎日を懸命に生きています。

お父さんはお父さんで、家族を養うために日夜寝る間も惜しんで働いてくれています。

お母さんはお母さんで、子育てを含む家事全般で息つく暇もないほどです。


人間は他人に期待すればするほど、不満が出やすくなります。

「わたしがこれだけがんばっているのだから、夫もこれぐらい手伝ってくれて当たり前」

こうした前提に立って、相手の協力を期待していると不公平に感じてくるでしょう。


それに対して「夫は、わたしたちの生活を経済的に支えてくれている。不自由なく生活できるよう、日々がんばって働いてくれている」と考えたときはどうでしょうか。夫の行動はすべて肯定的に感じられ、それが幸福感へつながっていくでしょう。つまり、幸せは選べるのです。

わたしたちは欲求を満たすために、あらゆる行動を選択しているわけですから、相手はコントロールできないので、不満をぶつけても変わりません。パートナーは仕事で家事に協力する以上の何かの欲求を満たしているのです。パートナーへの期待値をいまの半分、できれば3分の1程度まで下げてみましょう。

「パートナーが少しも力になってくれない」
「話も聞いてくれない」
「相談に乗ってくれない」

それは気持ちの矛先を相手に向けて、真の問題と直面するのを避けているだけです。グラッサー博士は、他人の欲求充足の妨げをしないで自らの欲求を満たしていくことがわたしたちの責任であると述べています。わたしはできれば相手の欲求充足の手助けができるといいと思っています。

欲求の大きさは人それぞれ違うわけですから、人間関係の数だけ葛藤があります。心の葛藤が生まれたら、まず欲求の違いを知りましょう。そして、相手を満たすために自分にできることをする。交渉上手な人は、相手を尊重して味方にしながら自分の望みをかなえます。相手の立場で考えましょう。「なんで自分だけ変わらないといけないの？」と思われる方もいらっしゃるかもしれませんが、他人を変えようとすると、相手が変わらなかったときに自分のコントロールを失います。「〜してくれない」をなくせば、すべては自分で変えていけるものになります。

自分一人の力でどうしようもなくなったときは、先に述べた外部の力を借りてもいいのです。パートナーが家庭に何を求めているのか、それを満たしながら子育てに参加してもらう方法がないか。

幸せな子育ては、関係性に焦点を当てて、お互い満足するために今できることは何か話し合う文化を家庭内につくることから始まります。

パートナーに子育て参加してもらう秘訣

人間関係がうまくいっていないときは、どちらかが満足して、どちらかが不満足な状態です。このような関係は長続きしません。不満足な側が堪えきれずに、やがて爆発します。するとお互い負けることになります。

パートナーと敵対するようになったら、協力はまず得られません。とにかくパートナーのサポートに尽くしましょう。

そして、パートナーが子育てにも関心を示してくれたら、自分の気持ちを率直に打ち明け、助けを求める。こんなプロセスです。

「少しでもいいので、子育ての手伝いをしてくれないかな。もうわたしいっぱいいっぱいの状態。正直、自分の限界を超えてる。

まだ、あの子も小さいから、しばらくは子ども中心の生活をしていくつもりだけど、将来的にはわたしも働きに出たいと思ってる。
1週間のうちに1日でも2日でもいいから面倒を見てくれないかな。難しければ休みの日の午前中か午後の数時間でも手伝ってくれると助かる」「子育ての責任はあなたにもある」「少しは家族サービスしてよ」と、自分の正しさを押しつけるのではなく、相手が受け入れやすいお願いの仕方をしましょう。

わかっていてもできない人は、自分を正当化して避けている別問題があります。そちらを解決するのが先決。苦しい理由を知らずに、つらい思いで日々を過ごして疲労しています。

専業主婦だから頼みにくいという人は、安心して家を任せられる妻であってほしいという期待を裏切れない。そんなパートナーへの依存があるのかもしれません。よい人間関係があれば、パートナーも相談事に向き合ってくれます。そして、話してみると、あっさり問題解決することもあります。

まずは人間関係をよくして、なんでも話し合える空気を家庭につくりましょう。地道な努力は、子どもの自信形成のプロセスと同じです。

夫婦で教育観が違ったら

子育ては仕事とは似て非なるところもあります。役割分担をしていても、ビジネスライクに接するのは控えましょう。

「家をきれいに掃除するのがおまえの仕事だろ」
「あなた、脱いだ服をそのへんに置きっ放しにしないで」
「子どもはもっと早く寝かせろ。明日起きられないぞ」

たまに小言が出てしまうかもしれませんが、毎日批判や文句が飛び交う家庭は、お互いの欲求が満たされず不和になります。

たとえば、夫の服が脱ぎ散らかされているのを見つけたら、
「パパ、ちょっと来て。これを見て。子どもたちの教育もあるから、自分が

着ていたものは自分で後片づけをお願い。今日はわたしがしまっておくけど、今度からは自分のものは自分で片づけるように努力しましょう。

明日、新しいかごをお風呂場に用意しておくから、次からみんなそのかごに入れるよう協力し合いましょう」

提案型でお願いするのがポイントです。指示や命令にならないように気をつけて、最終的な判断は相手に委ねます。さらに相手が片づけやすくなるような仕組みを準備します。

わたしたちは自分の欲求を満たしてくれる人を好きになり、欲求を満たしてくれない人を嫌いになります。正論で説得すると、力や自由、楽しみの欲求も満たされなくなります。

まずは人間関係をよくすることから始めるべきです。子どもにとって宇宙一の理解者をめざすのが親であるように、宇宙一信頼できるパートナーになれば、家族は円満になります。

そのためにはどうしたらいいのか？

パートナーに対する自分の行動が、信頼に値するか考えてみることです。


小学生の２人の子どもをもつお母さん。

パートナーが子どもに厳しすぎると悩んでいます。

「そこまで怒らなくてもいいじゃない。子どもたちも反省しているんだし、ゆるしてあげて」

こう言っても「おまえが甘やかしているからこうなんだ。もっと厳しくしつけてくれよ」と意見がかみ合わない。パートナーとの子育て観が違うことで、子どもに与える影響も心配されています。


夫婦間で子育てに対する価値観が１００パーセント一致していることのほうがむしろまれでしょう。

異なる親に、異なる環境で、異なる教育を受けてきたわけですから、違っていて当たり前です。

それでも、わたしたちにできるのは、相手を変えようとせずに、自分ができることを増やして問題解決に臨むことだけです。

子どもには「お父さんはこういうところには厳しいのよ」と父親の考える子育て基準を伝えたり、子どもが叱られても「ああ言っているけれど、ほんとうはあなたのことをとても心配しているの」とフォローする役割をします。

パートナーに対しても、夫婦で子育てについて話し合う機会を設けて、日常的に自分たちの行動が子どもたちにどんな影響を与えているのかを伝えましょう。厳しく叱ることが子どもたちの人格形成にどんな影響を与えているのかを一緒に考えましょう。

相手をコントロールせず、お互い望む方向に協力しようとする親の姿勢を見て、子どもは交渉の価値や信頼される生き方を学んでいきます。

第Ⅲ部

子どものための一生折れない自信のつくり方

やり方よりも大事な親のあり方

書店に行けば、たくさんの子育て本や教育書が並んでいます。情報を得ることはとても大切ですが、わたしはそこに書かれているすべてのやり方は、まず親自身のあり方があってはじめて効果を発揮するものだと思っています。

わたしは子どもに何か指摘するとき、いつも心がけていることがあります。自分自身への問いかけです。

たとえば「時間を守りなさい」と言ったら、自分は時間どおりに動けているかどうかを自分に問います。「約束は守りなさい」なら、自分は人との約束を守れているかどうか、「片づけなさい」なら、自分は身の周りの整理整頓ができているかどうか。

子どもに注意したくなったときに「自分はできているか」とわが身を振り

返ることは、子どもを認めるひとつの方法です。

また、同じころの自分と比べてみます。「子どもだから〜」と思っていたら、今の自分視点で子どもを評価しています。

自分自身も失敗や試行錯誤を繰り返して、少しずつ大人になってきたことを思い出してほしいのです。

子どもは子どもなりに、小さい身体で懸命に物事を考えて取り組んでいます。自分が幼かったころはどうだったかを考えると、一歩下がって子どもの行動を見つめ直すことができます。

これまで述べたことは、すべて〝あり方〟に関するものです。親はつい〝やり方〟を教えようとしますが、子どもは親の言うことではなく、していることを見習って成長します。

親は子どもの鏡。子どもが自分の姿を見習うと思ったら、どんなおこないをするのが望ましいでしょうか？

家は安心して帰れる場所

子どもを心配するがゆえに「宿題はやったの？」「少しは部屋を片づけなさい」「野菜をちゃんと食べなさい」など、あれこれと指摘したくなるかもしれません。

子どもにとって、家庭は心が癒される。素の自分でいられる。恐れや不安を一切感じない安全基地のような場所であることが、自信形成に大切です。

親から「ああしなさい」「こうしなさい」と言われると、子どもたちは「あれができていない」「これができていない」と受け取ります。

学校、部活動、習い事……。外の世界では、どれだけ勉強ができるのか、どれだけ運動ができるのか、つねに子どもは比較と競争の世界にさらされています。できないことを指摘される教育は、外で十分に受けているのです。

「できない」と感じるたびに、自信がなくなります。そこで家では子どもたちのありのままを承認してほしいのです。

「あなたはあなたのままですばらしい」

「わたしはあなたのことを愛している」

こんなこと、外では言われません。大人になるにつれ、こう言われる機会はどんどん減っていきます。

ですから、社会に出たときには、子どもは自分で自分自身を承認、鼓舞していけるようになっていなければいけません。


子どもは自分の判断力を尊重してくれる親に信頼を感じます。その信頼感が子どもの自信を育みます。小さな問題から過剰に子どもを守ろうとせず、家は子どもが自己信頼、自己肯定できる場所にしましょう。

学校に期待すること、しないこと

読む、書く、聞く、話す、考える。

学校では、こうした基本的な能力を養うことができます。社会に出て行く際に最低限必要な力です。

さらに学校生活を通して、子どもたちは自分と人は違うこと。それぞれが尊いこと。人との違いを受け入れ、お互いを認め合いながら、時に協力して、時に切磋琢磨して物事をうまく達成していくことも学びます。

親は学校によい教育をしてほしいと願っています。子どもが成績優秀で、礼儀作法もしっかり身についていて、友だちとも仲良く、伸び伸びと学校生活を楽しんでいる。こんなイメージを期待しているのかもしれません。

では、それはどのように実現されるのでしょうか？

学校にはそれぞれ教育方針があります。学校の理念や方針をご存知でしょうか？

企業に「経営理念」や「企業のポリシー」があるように、学校にも教育理念や教育方針があります。

親が把握すべきは、まず学校の教育理念、方針です。そして、それらに同意できるからといって、子どもがそのとおりの子に育つわけではないという事実です。

理念に沿った子どもに育つかどうかは親が決められません。わたしは学校に対して子どもたちをいい子に育てる、抜群に成績をよくしてくれることは過度に期待していません。しかし、教育方針にしたがって子どもたちに接してくれることには信頼を置いています。

たとえば息子が通うミッション系の学校は、キリスト教精神に基づいた「真理を敬い、互いを尊重し、未来を切り拓く力を養う」という教育方針に強く共感して選びました。

「勉強ができるようにしてほしい」
「一流の大学に合格させてほしい」
「子どもの可能性を広げてほしい」

親には「こういう子になってほしい」という思いはあるでしょうが、「そう育つ」ような教育はできても、結果は保証されません。

わたしは学校を、知・徳・体の3つをバランスよく育てていく場所と考えています。

知とは、幅広い知識と教養。

徳とは、豊かな情操と道徳心。
体とは、健やかな身体。

これらが育まれていくと、どんな子に育つでしょうか?

人気や評判など、子どもが通う学校を選ぶ基準はいくつも考えられますが、わたしは子どもの知・徳・体を高めながら「豊かな人格と生きる力」が育まれる最善の環境として、教育理念に共感した学校を選びました。

大切なことは、親が学校に子どもの教育を期待するのではなく、親が教育方針を定め、学校をそれに合った教育を提供してくれるパートナーに据えることです。

学校は、親にできる子どもが成長する環境づくりのひとつですから、世間の評判や子どもの意見ももちろん大切ですが、親の教育方針を子どもにしっかりと伝えたうえで、学校に何を期待するのか家族で話し合いましょう。

勉強や成功よりも大切にしたいもの

勉強ができる。スポーツができる。芸術的な才能が秀でている。
人よりも何かがうまくできることは子どもたちの自信になります。できれば、わたしも子どもたちに早く自分たちの才能を見つけてほしいと思います。
ただ、それが子育てでもっとも優先すべきものだとは思いません。勉強やスポーツ以上に、親に教えられるのは、人間的な成長の大切さでしょう。

子どもが勉強やスポーツができるようになればなるほど、親として気をつけなければならないことは、子どもが親にほめられたり、認められるために努力していないかをよく観察することです。

もちろん、いい結果を出せたときには承認しましょう。でも、いいときばかりではなく、悪いときにも子どもを認めてほしいのです。
自己信頼感、自己肯定感がなければ、ある分野で成功を収めても心からの充足感はありません。何より自分で自分という人間を認められないでいるのですから。

生きるってすばらしい。

親から十分に愛されて育った子は、こんな感覚をもっています。世間から成功者として認められようが認められまいが、自信をもって人生を歩めます。孤立するということではなく、自分のことが大好きだから、他人を愛し、つながることができます。

わたしは自分の子どもをそんな大人に育ててあげたい。ですから、子どもたちが勉強ができるようになることよりも、自分を大切にして、他人も同じくらい大切にできる人間になることを考えて、子どもたちに接しています。

子どもを幸せにできる唯一の方法

「このとおりにやれば大丈夫」という完璧な子育て法などなく、子どもがきちんとした大人になったかどうかわかるのは、社会人として独立し、家庭を築いたころではないでしょうか。

子どもがどういう大人になるのかは親に決めることはできませんが、我が子に幸せになってもらいたいというのは、すべての親の願いだと思います。

グラッサー博士は「わたしたちを取り巻く主要な問題は、不満足な人間関係に起因する」と述べています。

自分が望む人とうまく関われない。そこからさまざまな葛藤が引き起こされて、葛藤を処理するために酒、麻薬、ギャンブルなど安易に快感が得られるものに手を染めていきます。

子どもにとって親の代わりとなる人間関係はありません。だからこそ、親に拒否されることは子どもにとっての悲劇です。親しい関係を築きたい人に受け入れられないことはどれほど苦しいことでしょうか。

わたしもまだまだ親として子育て修行の真っ最中ですが、いつでも子どもから見て、信頼たる親であろうと努力しています。なぜなら、子どもたちにどんな関わりをもとうとしても、人としての信頼関係が土台になければ聞く耳をもってもらえず、成長の手助けができないからです。

子どもの選択を支持できないときもあるでしょう。親が強く主張すべきことは言うべきです。でも、親が子どもを拒否していないこと、言い争ったり、傷つけたいわけではないと伝えましょう。親の欲求が異なる相手とも協力して距離を縮めようとする関わり合いによって、子どもは信頼される生き方を学んでいきます。子どもはいつでも愛を必要とし、信頼できる親子関係を求めていることを忘れないでください。

７つの致命的習慣、思いやりを示す７つの習慣

批判されて育った子どもは、他人を批判するようになります。

文句ばかり言っている親に育てられた子どもは、すぐに文句を口にします。

脅したり、罰を与えられてしつけられた子どもは、他人を脅したり、罰することでコントロールしようとします。

子どもは親の言うことだけではなく、親が普段からしていること、振る舞いから人への接し方、物事への対処の仕方を見習っていきます。

不幸とは、大切な人との関係がうまくいかなくなることだと言いましたが、選択理論では、人との距離を遠ざける行動と近づける行動がそれぞれ定義されています。

［7つの致命的習慣（力の原理）］

1. 批判する
2. 責める
3. 文句を言う
4. ガミガミ言う
5. 脅す
6. 罰する
7. 自分の思いどおりにしようとして褒美で釣る

これら7つの致命的習慣が人間関係を破壊することはわかっていながら、親は「子どもに同じ失敗をしてほしくない」「これはいけないことなんだと理解してほしい」と思って、つい使ってしまいがちです。

実際にこの7つの習慣は一時的に非常に効果があります。ガミガミ言えば、子どもは反省します。すぐに行動を改めるでしょう。でも続かないので、またガミガミと叱りつける。そのうち人間関係が壊れてくるので、同じことをいくら言っても、子どもは親の言うことを聞かなくなります。

7つの致命的習慣は、人をコントロールする試みです。相手の欲求は満たされません。

自分にとって一番大切な存在である親からコントロールされると、子どもたちは無視ができずに葛藤を味わい、問題を回避したり、解決できないことを他人のせいにします。

「褒美で釣る」というのは、一見、人間関係を破壊する行動ではないと思われるかもしれません。

「テストの点数がよかったらゲームを買ってあげる」
「お手伝いをしてくれたらお小遣いをあげる」
「ピアノのコンクールで優勝したら遊園地に連れて行ってあげる」

これらはすべて自分の思いどおりになるよう、相手をコントロールしようとしています。褒美で釣るとは、言うとおりにしない人を脅したり、罰することと本質は同じです。

誰かにコントロールされたいという人はいませんから、人間関係は悪くなります。

7つの致命的習慣は、子どもたちの人生観にまで影響を与えます。批判したり、責めたり、文句を言ったり。うまくいかない理由を周りや環境のせいにしながら、ますますこの習慣を使って物事をコントロールしようとするのです。

人間関係を破壊する習慣に対して、人間関係を育む習慣もあります。

［思いやりを示す7つの習慣（愛の原理）］

1. 傾聴する
2. 支援する
3. 励ます
4. 尊敬する

5. 信頼する
6. 受容する
7. 意見の違いについてつねに交渉する

この習慣が人間関係をよくするのは、相手の欲求を満たすからです。わたしたちの遺伝子には「大切な人と愛し、愛される関係を築きたい」という愛・所属の欲求があります。

良好な人間関係とは、親友との間柄を思い浮かべるのがいいでしょう。自分はどうなろうが、ありのままの自分を認めてくれる。いつでも自分のことを思って接してくれている。そんな信頼感があるから、親友のことを大切にしたいと思うし、一緒にいるだけで幸せな気持ちになれるのです。

とはいえ、わたしたちはつい7つの致命的習慣を使ってしまうものです。7つの致命的習慣は、大人が考える以上の苦しみを子どもたちに与えます。

なぜなら子どもは、親から逃れることができないからです。

苦痛感情に耐えられなくなると、子どもたちはシグナルを出し始めます。無視、反発、反抗、引きこもり、登校拒否、自殺、さまざまな問題行動によって苦痛から解放されようとします。もし自分が子どもたちに使ってしまったときには素直に謝りましょう。

「お父さんは、◯◯にとって宇宙一の理解者になりたいと思っている。それなのに、今日のお父さんの言葉は少し批判する表現になっていた気がする。今度から気をつけるから。ごめんな。もし次に自分が責められているとか、批判されていると思ったときには、言ってくれていいからね」

７つの致命的習慣を使ってはいけないと思えば、それも批判になります。人間関係の距離を近づける習慣、遠ざける習慣があることを理解し、親子関係をよくするために効果的な行動の習慣を選んでいきましょう。

うまく実践できなくても、その自分も受け入れて、改善していくのが思いやりを示す７つの習慣に生きることです。

自信過剰にならない認め方

あるお母さんは悩んでいました。

子どもが毎朝6時に起きて勉強に取り組んでいる。その姿勢はほめてあげたい、認めてあげたい。でもあまりにほめすぎて自信過剰になってしまわないか心配……。

わたしなら、努力している子どもにこう声をかけます。

「○○ちゃん、朝の勉強、ずっと続いているね。がんばってるな。お父さん、○○ちゃんが真剣に勉強する姿に感心したよ。○○ちゃんが目の前のことに一所懸命取り組むところはすばらしいと思う」

ほめることで、子どもが自信過剰になってしまうか不安になるという方もたくさんいます。そのときには、事実を認め、それをどう感じたのか親として素直な感想を伝える。これは子どもに対してだけではなく、大人同士でも効果的な承認の仕方でしょう。

ほめるというのは、褒美で釣ることにつながりやすいので、自覚がなくても、無意識に相手を操作するようなことを言ってしまうことがあります。子どもはそうした親の振る舞いから人への接し方を学んでいます。

ほめるよりも事実を認め、承認します。相手をコントロールしようとしていないか気をつけて言葉を選びましょう。

また、わたしは認める基準を上げて厳しく接するよりも、気づいた時点ですぐに承認するほうがいいと思います。自己肯定感が高まる機会はたくさんあったほうが自信がつくからです。承認はどれほどしてもいいのです。

子どもを素直に認められないときには

息子が所属する野球チームの応援によく行きます。試合に勝ったときは素直に喜んであげられるのですが、負けたときは悔しくて仕方がありません。それでも息子には「一所懸命やったんだからいいのよ」と励まします。でも、本心は違います。

「なんで負けたの。もっとがんばらなきゃダメよ」

こう発破をかけたいのです。子どもをほめて伸ばすことが大事なのはわかっていますが、このまま自分の心を偽ってまで励ましたり、ほめてあげたほうがいいのか悩んでいます。


あるお母さんからこのような相談を受けました。

自分が考えていることは、口にしなくても、相手にそれとなく伝わるものです。言葉は耳だけではなく、心でも聞いているものです。

子どもの心に響くのは、親が心から語った言葉だけです。心ないことは口にしないほうがいいでしょう。無理して承認する必要はありません。

試合には負けてしまったけれど、最後まであきらめずに全力で戦っていたのであれば、励ましたり、がんばった事実について認めましょう。

「今日の試合は残念だったね。野球はチームスポーツだから、いくらがんばってても勝てないときがあると思う。

全力投球できたと思えるなら、お母さんはそれで十分だと思う。

もし100パーセントの力が出せなかったというのなら、次の試合ではベストを尽くせるようがんばってごらん。お母さんは、次も◯◯くんのがんばる姿を見に行くから」

自分の心に素直になってメッセージすることが大切です。

認めるところが見つからないという場合は、親目線になっていないかよく考えてみてください。

「サッカーが上達せず、なかなかレギュラーになれない。でも、練習は1回も休んだことがない」
「試合には出られなかったけど、ベンチから懸命に仲間を応援していた」
「テストの点数は平均点より低かったけど、できなかった問題ができるようになっていた」

子どもの知覚に合わせて物事を見てみると、認めてあげたいところがたくさん見つかると思います。子どもたちは、その都度子どもたちなりのベストを尽くしているのです。

もしあなたが子どもをうまく認められないとしたら、過去に自分自身が承認された経験が少ないのかもしれません。

親から十分な承認を得られずに育った子は、他人を承認することが苦手になります。人よりすぐれていなければ称賛されない。生きることを楽しむのではなく、結果を出すために生きます。その裏返しは劣等感であり、とにかく認められようとします。

大人になってからは、とくにこの存在を承認する関わりをしてくれる人と接する機会は減りますから、子どものときからたくさん承認しましょう。

わたしは1日の終わりに自分自身をハグしながら「仁志、今日も1日よくやった」「おまえはベストを尽くして生ききった。偉いぞ」と自分を労い、承認の言葉をかけています。親も自分自身を承認しましょう。

親も子どもも不完全。お互いにベストを尽くしながら認め合いながら成長していけばいいのです。

甘やかすと甘えさせるの違い

小学校に入学したばかりの6歳の男の子。学校から帰ってくるなり、「お母さん、だっこして、だっこして」と甘えてきます。家事で手が離せないときなどは「あとでね」と断るのですが、その場で大泣きして、わたしの足から離れようとしません。

結局根負けしてだっこすることになるわけですが、いつまでも息子を甘やかしてよいのか、またこのままでは息子が自立できないのではないかと心配しています。

子どもが親に甘えてくるのは、親と一緒にいることで安心感を得たいからです。幼い子どもほど、自分の力で安心感を得ることができないので、親の愛情を感じるために甘えてきます。愛・所属の欲求を満たしているのです。

まだ6歳の子ですから、学校でお母さんと離れ離れになっているのがつらいのでしょう。親の側にいたい。親の愛情を感じていたい。そんな気持ちを突き放すと、いじけて自分の殻に閉じ籠もったり、もう少し成長すると非行化したり、不登校になりかねません。子どもが甘えてきたときは、大いに甘えさせてあげましょう。

よく「甘やかすと、強い子に育たない」と思う方がいますが、甘やかすのはよくありませんが、甘えさせるのは子どもの自立心を養います。

甘やかすと甘えさせる。両者には大きな差があります。

甘やかすというのは「本来はこうあるべき」ということがわかっていながら、それを教えず放置してしまう行為です。

たとえば、欲しいものをなんでも買い与える。自分で着替えができるのに親が手伝ってあげる。「ありがとう」を言わない。人の物を勝手に取る。順番を守らない。約束が守れない。公共の場で騒ぐ……。それでも放ったらかしにする行為です。

甘やかしは、子どものわがままを助長するばかりか、「きっと誰かが助けてくれる」「自分は責任を取らなくていい」といった依存心を生み出します。自主性や責任感の対極にあるものです。

「誰かが手を貸してくれる」「他人は当然、自分の代わりにやってくれる」と思っているわけですから、過信はあっても自信はありません。

親子関係は大切ですが、関係を壊したくないからと甘やかしてしまったら、子どものためになりません。

どこまでが「甘え」でどこからが「甘やかし」なのか、見極めが難しいこともありますが、親の愛情を求めているのか、自分の思いどおりにしたいからわがままを言っているのか、子どもの気持ちを推し測りましょう。

甘えさせるのは、親が子に愛情を注ぐ行為ですから、大いに子どもが親の愛情を感じられる言葉がけ、スキンシップをはかります。

ただ、子どもが自分でできることまで親が代わりにしてしまうと、自立心は養われません。

「食べ終わったお皿は自分で洗うのよ。（お皿洗いができたら）きれいになったね。どんな気分？」

「○○くんが約束を守れたらお友だちからも信頼されるね」

「（外のレストランで）○○ちゃんが騒がなかったら、みんな気持ちよくお食事ができてうれしいね。飽きちゃった？　このお人形さんで遊んでみる？」

こんなふうに子どもを甘えさせず、7つの致命的習慣を使わず、子どもが主体的に自分を律せるよう働きかけてください。

眠たいときや疲れているときに、わがままをいう子もいますが、まだまだ自分で自分を律するための成長過程ですから、子どもの様子を観察しながら、柔軟になって助けるときには手を貸してあげましょう。

子どもが自信を失ってしまったら

「どうせわたしなんか……」
「自分にはできっこない」
「やってもムダ」

子どもがこのような言葉を口にしたとき、自信を失いかけているのかもしれません。
「どうせ」という言葉の裏には、自分で自分を愛せなくなった、自分で自分の存在を認められないという心の葛藤が隠されています。

このようなときは、まず子どもの気持ちを受け止めましょう。傾聴、受容です。そして、存在を承認する言葉をかけましょう。

「あなたはあなたのままで十分に生きている価値がある。人と比べることなく、自分の人生を大切に生きていってほしい。それがお母さんとお父さんの心からの願い」

こうした思いが、子どもの自己愛を満たします。

子どもが挫折して、自己承認できていない言葉を発したときには「○○ちゃんは、どうしてそう思うの？」と問いかけてみてください。

そして、親は「ありのままのあなたを愛している」と伝えてほしいのです。

「○○ちゃんは、お母さんにとってかけがえのない存在だよ。お父さんもそう思っているし、○○ちゃんはわたしたちの宝物だよ。

お母さんやお父さんに手伝えることはない？　お母さんたちは、いつでも○○ちゃんを応援しているから、喜んで力になりたいと思っているの」

わたしの息子は足があまり速いほうではありません。学校の運動会では走るのが得意ではないグループの中で5人中2位でした。

それでも息子が懸命に走っている姿を見て、わたしは「よくがんばったな」と走り終わったあとに承認しました。おそらく5位でも、同じような言葉をかけたでしょう。

人と比べてどうだったかではなく、子どもが努力しているところに目を向けて、認めることで自己承認できるようになっていきます。

ちなみに息子の一番の長所は、好きなことにはとことん熱心なところです。自分の好きなことは徹底してやりきります。そのときの集中力は、大人のわたしからみても感心するほどです。

大人になれば、否が応でも他人から評価される世界に入ります。そのときのために子どもたちには「負けたくない」という強い気持ちや勝ち癖を身につけてほしいと思われるかもしれません。

もちろん、注目を浴びるような活躍をしたり、何か大きなことを成し遂げた経験が多いほど、本人の自信になりますが、どこまでいっても上には上がいます。例えナンバーワンになれても、それを維持しなければ負けになってしまうのですから、一生は続かないでしょう。


競争は相手がいることですから、どんなに努力してもそれを上回る相手が出てくる可能性があります。

わたしたちにできることは、自分のベストレコードを更新する努力だけです。競う相手が自分になれば、比較によって自信を喪失することはなくなります。1位だろうが最下位だろうが、できることは自分がもっている精一杯の力を発揮することだけです。

子どもの納得が必要な理由

「子どもを一人の人格として扱う。親の所有物として扱わない」

ほとんどの親御さんがそのことを十分に理解し、心を砕かれていることでしょう。

ところが、時にそんな当たり前のことを忘れてしまいそうになる瞬間があります。

幼稚園に入園したばかりの3歳の男の子。朝になって突然、「今日は幼稚園に行きたくない」と言い出しました。無理やり連れて行こうとしたら大声で泣いて嫌がります。

それでもその日はなんとか連れ出すことができたのですが、次の日は制服に着替えることすら嫌がり、全身を使って抵抗します。

もう自分の手には負えないと、幼稚園の先生に相談したところ、「とにかく連れてきてください。連れてきてくれればわたしたちがなんとかします」と言ってくれました。

お母さんは幼稚園の先生から心強い言葉をもらい、一旦は「力づくでもいいから連れて行こう」と心に決めたのですが、ふと「このまま幼稚園が嫌いになったらどうしよう」と不安にもなりました。

できれば力づくではなく、本人が納得して幼稚園に通ってもらいたいと思っています。

こんなときには、まず子どもが幼稚園に行きたくない理由を探ってみます。行動の裏には、必ずその行動をとった理由があります。

「○○ちゃん、幼稚園に行きたくないの？　おなかが痛いの？　お熱があるの？　それとも別の理由があるの？　お母さんにお話してくれない？」

「どうしても行きたくない」

「なんで行きたくないの？」

「つまんない」

「そう、わかった。お母さんもつまらなかったらやっぱり行きたくないって思うよ。でもね、全部つまらないわけじゃないでしょう。お友だちと遊んでいるときやお弁当を食べるときは楽しいかな？」

「うん。それはそうだけど……」


3歳の男の子ですから、行きたくない理由をはっきりと説明できないかもしれません。傾聴しながら子どもの気持ちを受け入れて、幼稚園に行くことで子どもが満たされる面があることに気づけるような言葉がけをします。


「いつもどんなふうにお友だちと遊んでいるの？」

「かけっこしたり、ブランコしたり、ジャングルジムに登ったり……」

「どう楽しい？」

「うん。楽しい」

「それなら、幼稚園のみんなと遊びに行かない？」

なかなかスムーズにはいかないかもしれませんが、根気よく傾聴して受け入れて、幼稚園が楽しい場所、自分の心を満たしてくれる場所だとイメージできるような働きかけをします。

一番やってはいけないのが説得です。説得すれば、幼稚園に行かせることはできるかもしれませんが、子どもは我慢したまま通っているので、主体性はなくなります。行かされているという意識では自信になりません。お説教は効果がないと思ってください。

「あなたが幼稚園に行くことはもう決まっているの。あなたが幼稚園に行かなかったら、お母さんもお父さんも仕事に行けないのよ。そうしたらどうなると思う？　ご飯を食べたり、洋服を買ったり、遊びに行ったりできなくなるのよ。わかった？」

「あなたが大人になったときのために、幼稚園でお友だちと仲良くしたり、一緒に過ごすことが必要なの。これはあなたのためなのよ。寂しいかもしれないけど、がんばらなきゃダメよ」

これでは子どもも納得できません。

「行きたくないんなら幼稚園なんかもうやめなさい」「お金がもったいないでしょう。毎月、月謝を払っているのよ」などは論外です。論点がずれています。

「絶対に行きたくない」と子どもが意固地になっているときには、少し遅れて行ったり、幼稚園の近くまで連れて行きしばらく様子を見たり、幼稚園の先生と相談しながら休ませるのもひとつの方法です。

力づくで連れて行くのだけは賛成できません。

子どもは何か苦痛感情を味わっているから幼稚園に行きたくないだけで、幼稚園が嫌いなわけではないからです。

その満たされない思いは何か？
どうしたらその思いを満たせるのか？
自分も親も周りの人も満足する解決策はないのか？

子どもがこれらを自分で考えて、自分も周りも満たせる解決策を見つけられるよう手助けをするのが親の役割です。

「どうして泣いているのか、お母さんに教えて？」

こうした親の一言が、子どもが自分で葛藤の原因を考えるきっかけになります。

「子どもだから」と親が勝手に答えを出すのではなく、子どもが自分で問題の解決策を導き出せるような関わりをすることで、子どもは解決策の引き出しを増やします。そうした経験の積み重ねから、自分も周りも納得する、大人の解決ができるようになります。

宝探しは子どもにさせる

この本を読まれている方の中には、家が裕福ではなく、さまざまな苦労を重ね、小さいころから自立が求められてきたという方もいるでしょう。

あるお母さんは中学生のころから家計を助けるためにアルバイトをしていた自分の子ども時代を振り返って、いまの娘の姿を見ながら心配されているそうです。

「お母さんは、あなたぐらいの年からアルバイトをしていたのよ。親にクルマで送り迎えしてもらったことなんか一度もないわ」

いまの環境がどれほど恵まれているのかを実感してもらいたくて、感謝の気持ちを促そうとしても、お子さんには「お母さんのときとは時代が違うのよ」の一言で片づけられてしまいます。

このお母さんは周りに対する感謝を支えに、現在の豊かな生活を手に入れられたのでしょう。それは生きるうえで、とても大切な価値観です。

ただ、本質的に大事なことでも、子どもが理解するのは容易ではありません。わたしも小学6年生から新聞配達をしていましたが、自分の息子に「あのころの父さんと同じようにやってみろ」と言ったところで、「嫌だ」と断られるでしょう。

「どうして?」と尋ねても「友だちに新聞配達している子はいない」と一蹴されるだけです。これは先ほどの幼稚園の問題とは異なり、どれほど「小さいころから新聞配達しておくと心が鍛えられるぞ」といいイメージを与えようとしても、子どもは納得できないかもしれません。

人は、自分が置かれた環境に適応していく存在です。いくら「お父さんのときはこうだった」「お母さんのときはこうだった」と言われても、子どもは実感が湧きません。

それがどれほど大事な価値観であっても、自分の経験を絶対視して、子どもに押しつければ反発を受けるだけです。

やはり宝探しは、自分でやらなければ面白くありません。

親は子どもの様子を見ていてじれったくなったり、先回りして答えを教えてあげたくなる場面に何度も遭遇します。

前にもお話しましたが、子どもは、あっちにぶつかり、こっちにぶつかり、試行錯誤して正解を見つけていきます。その自由を束縛して、親の敷いたレールの上を走らせると、子どもの自立心は育まれません。

クルマで送り迎えをする回数を減らしたり、家の手伝いをしてもらったり、お小遣いは決められた額以上は一切渡さなかったり、あるいは学校の寮に入れたり、留学させたり、一人暮らしをさせたり……。恵まれていることへの感謝を実感できる方法はいくつも考えられます。

感謝は、本人が危機に直面して、誰かに助けてもらったときにはじめて生まれます。その体感なしで感謝や恩を実感するのは難しい。

「子をもって知る親の心」ということわざがあるように、人はその立場になってみないと理解できないことがたくさんあります。

感謝や恩もそのひとつです。

「あなたはこれが好きでしょう」
「あなたにはこっちが似合ってるわよ」
「違う違う、それはこうやるのよ」

親が先回りした結果、自分の欲しいものが見つからない。自分のやりたいことがわからない。そんな大人が最近増えているように感じます。

子どもの習慣形成に必要なもの

「子どもの教育で大事なのは反復である」とつくづく思います。1、2回注意しただけで、子どもによい習慣が定着するほど子育ては甘いものではありません。

中学1年生の男の子。服は脱いだら脱ぎっ放しです。自分で片づけようとしません。

制服はハンガーにかけ、洗濯物は脱衣所の洗濯かごに入れるように何度も注意しているのですが、いつまで経っても直りません。

教育とは忍耐。忍耐とは親の子どもに対する愛情が形を変えたものではないかと、つくづく思います。

イライラして「何度言ったらわかるの」と怒鳴ってやらせたり、罰を与えて無理やりしたがわせることができるのも小さいうちだけです。中学生ともなれば、親の腕力では太刀打ちできなくなります。

思いやりを示す7つの習慣で子どもを内発的に動機づけるしかないのですが、親にも訓練と忍耐が必要です。子どもが何度も約束を破ったり、あきらめたり、面倒くさがっても、根気よく関わる親のセルフコントロール力が求められます。

パートナーの手助けも欠かせません。「夫婦で力を合わせて育てる」という意識があれば子育てもずっとラクになるでしょう。

子どもの習慣形成で肝心なのは親の忍耐と反復の2つです。

「○○くん、制服はきちんとハンガーにかけたほうがいいわよ。自分の身の回りのことだけは自分でやるようにしてね。わかった？」

「うん。わかった」

しかし、次の日も服は脱ぎ散らかされています。そこでまた同じことを言います。

「○○くん、制服はお風呂に入る前にきちんとハンガーにかけて、汚れ物は洗濯かごに入れておいてね」

「うん、わかった」

さらに次の日。今度はきちんと服が片づけられていました。

「○○くん、今日は制服をかけてくれたから、お母さん片づけの手間が省けて助かったわ。ありがとう」

この子どもたちがルールを守れたときに、できた事実をきちんと承認することが意外とできません。

もしくは「やればできるじゃない」「よくやってくれたね」とほめてしまったりします。これは褒美で釣ることにつながりかねません。

親の承認があると、子どもは達成感を味わえます。小さな達成感は、子どものやる気に火をつけます。

しばらくすると、また元に戻ってしまうこともあるかもしれません。そのときも「なんでこのあいだまではできていたのに、できなくなっちゃったの?」「また脱ぎっ放しになってるよ」など、できていない事実に目を向けず、「○○くん、制服はきちんとハンガーにかけておくんだよ」と冷静に決まり事を確認しましょう。

親の基準を熱心に押しつけようとすると、関係が悪くなります。その一声が親子の距離を近づけるのか、遠ざけるのかを考えて、子どもと一緒に達成や成功を分かち合い、喜び合いましょう。

子どもへの期待のかけ方　その1

小学1年生の女の子。ピアノにバレエに英語に水泳。ほかのどんな親にも負けないぐらい、愛情とお金と時間をかけているのに、何をやらせてうまくできません。お母さんは悩んでいます。

「下手でも熱心にやってくれればまだ救いがあるのですが、やる気もあまり感じられません。わたしがこんなに必死に応援してるんだから、少しは期待に応えてくれたっていいはずです。こんなふうに思ってしまうのは、親として失格でしょうか。最近、わからなくなってきました……」

子どもに期待しない親はいないでしょう。だからといって、結果が伴わないから、不満をもってしまうのは少し違います。

子どもは親の操り人形ではありませんし、期待した分の見返りを子どもに求めるのは筋が違います。真の愛は、片道切符の一方通行です。

「やはり鳶《とんび》は鷹《たか》を産まないな……」というような言い方をわたしは一度もしたことはありません。どんな子も無限の可能性を秘めています。この女の子にやる気が感じられないのは、心から好きなことに出会えていないからです。どこでスイッチが入るのかは予測できませんが、自分たちの子どもですから、自信をもってそのときが来るのを待ちましょう。

期待とは本来励みになるものです。もし期待が重荷になって消耗してしまうようであれば、身の丈以上のことをしようとしているのかもしれません。現実を見て、できることに集中すれば焦りや不安はなくなります。子どもたちは精一杯やっていることを受け止めてあげてください。

子どもへの期待のかけ方　その2

子どもをもつ親に「どんな子どもに育ってほしいですか?」とアンケートを取ると、「優しく思いやりのある子」「人の痛みがわかる子」「友人や仲間を大切にする子」がトップ3に入ります。

またこれらに加えて「強い子に育ってほしい」と願う親が多いそうです。

強い子。そこにはさまざまな意味が込められていると想像されますが、たとえば次のようなケースではどうでしょうか。

5歳の男の子。遊んでいたおもちゃをほかの子に横取りされてしまいました。怒って取り返してくれると期待したのですが、文句も言わずに何事もなかったかのように振る舞っています。

日ごろからおとなしい子のようですが、このまま成長して、果たして一人で生きていけるのか、ご両親はとても心配しています。できればもっと強い子になってほしいと願っているそうです。

男の子だから、取られたら取り返す。やられたらやり返すぐらいの強い気持ちをもってほしい。こう考える方もいるでしょう。

おもちゃをほかの子に取られたから、気持ちが弱い子というのは、親の一方的な思い込みです。大事なことは、その子がどう感じたかです。

「おもちゃを取られたときにどう思った？　あげてもいいと思った？　それとも嫌だった？」

子どもの気持ちを丁寧に確認していきましょう。

「そうか、嫌だったのね。でもね、おもちゃを取られたからといって自信をなくすことはないのよ。人のおもちゃを勝手に取っていくほうがよくないんだから」

傷ついている我が子を受け入れ、承認して、子どもが自己信頼感を取り戻したら、嫌な思いをしたときの解決策を示します。

「取られたくないものなら、『それはぼくが大事にしているものだから取らないで』と伝えていいのよ。自分の気持ちを相手にしっかり伝えるのは大事なことだから。嫌なものは嫌だと遠慮しないで言ってごらん。

もし自分から言えないんだったら、大人に相談してもいいのよ。

人の物を勝手に取っちゃいけないのは社会のルールだから、先生もきちんと注意してくれるし。お母さんはいつでも◯◯ちゃんの味方だから、困ったことがあったらなんでも言ってね」

このようなアプローチで、子どもは世の中のルールを理解し、世の中とどう関わりながら自分を満たすのか、問題解決の方法を学びます。


「おまえはおとなしすぎるからこのままでは心配。もっと強くなりなさい」

これは走るのが苦手な子に、「もっと速く走りなさい」とアドバイスしているようなものです。強さを求めるのなら、強くなれるための道を示してあげましょう。

自分と相手の欲求が違うなかで、お互いに快適に過ごすためにはどうしたらいいのか？　そのためには思いやりを示す7つの習慣のひとつである「意見の違いについてつねに交渉する」が効果的な行動です。

一方的に相手を責めず、自分を正当化せず、つねに対話し、相手の意見に耳を傾け、率直に自分の意見も伝える。そうした親の姿に子どもは交渉の価値を学んでいきます。

中には自分の気持ちに気がついていない子もいます。そのときは「どう思ったの？」「どうしたかったの？」と問いかけながら子どもの意見を聞きましょう。子どもは「自分はどうしたかったのか？」「自分は何を満たしたかったのか？」を親の問いかけによって考えるようになります。

子どもの願望、欲求が明確になったら、それを満たす方法を親が提案しながら、子どもの引き出しに問題解決の答えが増えれば増えるほど、強くたくましく生きる力が培われていきます。

他人の子どもと比較して起きること

自分の子どもと友人、知人の子どもをいつも比べてしまいます。

先日、娘と同い年の男の子（幼稚園の年長さん）が児童書をスラスラ読んでいるのを見て、「うちの子は絵本すら一人で読めないのに」と激しく嫉妬してしまいました。

それだけではありません。「もっと難しい本でつまずいて、本嫌いになればいい」とすら思ってしまったのです。これにはさすがに自分で自分が嫌になりました。

人と比べても仕方がないことはわかっていますが、どうしても比較してしまいます。こんなわたしは親として失格でしょうか？

おそらくこの男の子は、幼いころから国語の勉強をしてきたのでしょう。

だから年次よりもレベルの高い本を簡単に読みこなすことができるのです。

このお母さんが話すように、ほかの子と比べることによって我が子にプラスの影響を与えられることはありません。

最近、わたしは豆柴を飼い始めたのですが、すぐれた血統を持った犬なので、ある方から「犬の展覧会に出されてみてはどうですか？」と勧められました。

展覧会、まさに比較の場です。

仮にほかの犬に負けたら、どんな気分になるでしょうか？　悔しくてもっと優秀な犬を飼いたくなるかもしれません。

「この子は死ぬまでうちで面倒をみよう」と息子と約束をして飼い始めた犬ですから、展覧会の話は丁重にお断りしました。

比較から生まれるのは、優越感か劣等感のどちらかです。両方とも自信形成には障害になります。

それでもわたしたちは、誰かと比べてしまいます。

どうしても比較してしまうときは、少しでも自分が向上するために活かせないか考えてみましょう。

先ほどの例で言えば、男の子のお母さんに「どうしてそんなにスラスラ読めるの？」「どこかで勉強しているの？　よかったら教えてくれない？」と尋ねて情報収集に役立てたらどうでしょうか。

他人が自分よりもすぐれた面をもっていたら、見習って目標にする。自分の他人よりもすぐれている面を見つけたら、どうしたらもっと伸ばせるのかを考える。相手を反面教師とする。

どんな人からも学ぶきっかけを見つけることはできます。

子どもが小さいときには、ほかの子との差がはっきりと見えてしまうこともあります。

今の子どもたちを見て、これから先も成長が遅れたままになってしまうのではないかと、不安になったり、落ち込んだり、嫉妬しても、大人になったときにどうなっているかは誰もわかりません。

学校の成績がいい、部活動でいつも活躍しているから立派な大人になるとは限りません。

前項で述べたように、どんな子どもに育ってほしいかを親御さんにアンケートを取ると、「優しく思いやりのある子」「人の痛みがわかる子」「友人や仲間を大切にする子」といった答えが出ます。どれも知識や能力とは関係ないものです。

親の心配からくる望みによって、子どもは「自分は劣っているのかもしれない」と不安になります。他人に勝っても劣等感を隠すため、不安から逃れるための努力ですから自信は育まれません。その子にふさわしい成長でいいのです。できることに集中するうちに、うらやましさも消えて、していること自体が楽しくなってきます。

子どものつく嘘との向き合い方

子どもの嘘には、すぐにわかる場合と、真偽がすぐには判断ができない場合があります。

4歳の男の子は、お母さんが「きちんとお片づけできた？」「お母さんの話、きちんと先生に伝えてくれた」と聞けばいつも「うん」と答えます。ところが、あとで確認してみるとやっていません。

そこで「嘘をついたらいけないよ。約束ね」と言い聞かせ、そのときも「うん」と返事をしてくれるものの、一向に改める気配がない。

子どもが幼いと約束の意味を理解できておらず、「うん」と答えてやらなければ「嘘をついた」ことになるという意識がないのかもしれません。

子どもに約束の意味を理解してほしければ、子どもが約束を破ったときに「次からどうしてほしいのか」を繰り返し伝えてみましょう。やりとりを通じて、だんだん約束というものがわかってくるはずです。

たとえば「○○ちゃん、今日、お母さんが先生に伝えてほしいってお願いしたことおぼえてる?」と尋ねてみる。おぼえているようなら「じゃあ、そのことを先生に伝えてくれた? でも、先生は聞いてないって言ってるよ」と事実を確認します。

このように順序立てて聞いていくと、「あっ、忘れた」という答えが返ってくるかもしれません。そうしたら「次からどうしてほしいか」を伝えます。それでも約束を守れないかもしれませんが、何度も繰り返すと徐々に頼み事を引き受けたら、やらないといけないことを理解していきます。

5歳の女の子。保育園の準備をすませて家を出ようとすると、急に「おなかが痛い」と言い出しました。さっきまで何事もなさそうだったので、ほんとうにおなかが痛いのか、保育園に行きたくないだけなのか、ただ親に甘えたいだけなのか、判断に迷います。

子どもは仮病を使うときもあります。最初から嘘とは決めつけずに、まずは事実の確認です。

体温を測る。おなかのどこが痛いのか、我慢できないくらい痛いのか、少し休めば治りそうかなど、子どもの状態を聞きます。

そのうえで「家で休んでいれば治りそうか、それとも病院に行って診てもらったほうがよいか」を子どもに選んでもらいます。

親の思い込みで「幼稚園に行きたくないから嘘ついているんじゃないの」と決めつけると、子どもの自己信頼感が下がります。

ある日、財布の小銭がすべてなくなっていることに気がつきました。家にはお母さんと小学2年生の娘さんしかいませんでした。このとき、子どもからお金を取ったことを認めてもらうためにはどうしたらいいでしょうか。

「○○ちゃん、今日、すごい不思議なことがあったんだ。さっきお母さんの財布を見たら、小さなお金が全部なくなってた。おうちに泥棒さんが入ったみたい。お母さん、大事なお金がなくなってすごく困っているんだ。おうちに泥棒さんが入ったとしたら、すぐにお巡りさんに来てもらわなくっちゃいけないね。○○ちゃんは、何か泥棒さんのことを知らない？」

話を聞いているときの、子どもの表情やしぐさを見ていれば嘘をついているかどうかがそれとなくわかるはずです。嘘をついているそぶりがまったく感じられないようなら、それ以上は追及しないほうがいいでしょう。自分が勘違いしている可能性もないわけではありません。

怪しいそぶりを見せていても証拠がなければ、何度か聞いて「知らない、わからない」と言うのならしつこく質問するのは控えたほうがいいでしょう。

やり取りを通じて「お金を勝手に取るのはいけないこと。やってはいけないことだ」ときちんと伝えることが大切です。

きつく叱るべきとき

親子関係を第一に関わり合いの内実をよくする大切さを述べてきました。これは衝突を避けることとは違います。時にはきつく言い聞かせなければならないときもあります。

中学2年生の男の子。これまでは親の言うことをなんでもよく聞くいい子でした。ところが中学校に入った途端に態度が急に変わり、話しかけてもろくに返事すらしてくれません。

それだけならまだいいのですが、遅刻はする。宿題はしない。塾はサボる。そのことを注意したら「うるせえんだよ。クソババア」と怒鳴り返す。

こういうときには、きつく叱らなければなりません。

「○○、ちょっと来い。ここに座れ。いま、おまえはなんて言った。『ババア』って言っただろう。『ババア』っていったい誰のことだ！

お父さんは、たとえ息子であっても、お母さんを侮辱することは絶対にゆるさない。お父さんとお母さんは、本気で○○の幸せを願い、どれぐらい○○のことを思っているかわかるか？

二度とお母さんを侮辱するような言葉を使ったらゆるさない。人には言っていいことと悪いことがある」

厳しく言い聞かせます。そのうえで「お父さんの言うことをどう思う？」と本人の自己評価を促します。

落ち着いてきたら「なぜそんな発言をしたのか？」「何か気がかりなことがあるのか？」と子どものストレスの原因を聞くきっかけにしましょう。

7歳の男の子。食事中に「もっとお行儀よく食べなさい」といつもよりきつい口調で注意をしたら、手に持ったフォークを向け、怖い顔でにらみつけてきました。

学校で何か嫌なことがあったのかもしれませんが、ほかの人にも同じようなことをしてからでは手遅れなので、このときは食事を中断して厳しく叱ります。

「なんだその手は！　人に刃物を向けるのはよせ。ちょっと来い」

こうして別室に連れて行き、目の前に座らせます。

そして、人に刃物を向けることがいかにいけないことか、本人が「わかった。もう絶対にやらない」と言うまで懇々と説き続けます。

親を侮辱する、他人に暴力を振るう。こうした行為や態度は厳しく指導して改めさせるべきです。子どもが小さくても、人としてやってはいけないことはきちんと伝えなければいけません。

お母さんの財布から勝手にお金を抜き取り、ゲームを買ってしまった中学

1年生の男の子。お母さんにそのことを追及され、最後には「僕が取った」と正直に打ち明けました。

この場合は、反省している様子が伺えます。だからといって「盗み」はゆるされる行為ではありませんから、やさしい口調で諭しながらも、二度と繰り返すことのないよう厳しい処置を取ります。

「お父さんは、○○を信じてきたからすごく悲しい。今回のことをどう思う？　ほんとうに反省しているのだったら、二度と同じようなことはしないと誓ってほしい。

お父さんは、人は失敗を糧に成長できると思っているから、今回のことは経験と考えて、これ以上、大げさにはしない。ただ、反省していないのであれば、このままいい加減にはできない。

親のお金であろうと、自分のものと人のものの区別ができないわけだから、警察に通報しなければいけないとお父さんは思う。

○○はどう思う?」

このように自省を促し、最後は念書を書かせます。

「もう二度と同じことをしないと自分の言葉で一筆書きなさい。もし同じことをしたら、今度は警察に行くことになるぞ。いいな。

お父さんは自分の子どもでも犯罪に関しては絶対にゆるさない。それが社会のルールなんだ」

ここまできつく言われてはじめて子どもたちは、自分がしたことの〝重大さ〟を理解します。殴ったり、怒鳴りつけたり、脅したりはしないけれども、社会のルールに反することや人としてゆるされないことをしたときは、どんな結果になるのか。子どものために教えるべきです。

普段はものすごく優しいお父さん、お母さん。

でも、本気で怒ったときはとても厳しい。

子どもの成長のために、親の指導が必要な場合があります。

何をしても怒らない。怒って親子関係にヒビが入るのが恐い。これでは子どものためになりません。子どもは過ちを犯すものです。叱るべきときは、その場で厳しく指導するのが反省を促す一番いいタイミングです。

あとから「あのときもおまえは……」と言っても、嫌味になるだけで、親子関係が悪くなってしまいます。

そしてお互いに感情の昂ぶりが収まったあとは、なぜここまできつく言うのか、叱った理由を子どもに絵解きしてあげてください。

「お父さんは、お母さんはあなたのことを愛している。でもね……」と、子どもへの愛を明確に示しながら、子どもたちの行為は改めなければならないことを伝えましょう。

交渉の余地がない事柄には、親の断固とした姿勢を見せることです。親が本気であれば子どもに伝わります。そのとき活きるのがこれまでの親子関係なのです。

子どもが非行化する原因

小さいときは親の言うことをよく聞くいい子だった。ところがあるとき突然キレて、それ以来、親の言うことを聞かなくなった。学校にも行かなくなり、悪い仲間と付き合うようになった。

非行化です。非行は、親が子どもに7つの致命的習慣を使ってきたツケだと言えます。それは子どもの判断や選択よりも親のコントロールを優先してきたということです。

よい子を演じている子はたくさんいます。子どもが無理をしていれば、いつか爆発します。

配偶者が7つの致命的習慣を振りかざしても、相手を変えようとしたり、悪口を言うのはよくありません。自分だけは思いやりを示す7つの習慣を使いましょう。それを頼りに子どもは自信を奪われずに成長できます。

反発するから愛さないというのは脅しや罰です。子どもがどんな無軌道な振る舞いをしても、愛情をはっきりと示したうえで、子どもの意見に耳を傾けて、親も自分の意見をしっかりと述べましょう。子どもとどうしても意見が折り合わないときは、問題を解決したいが、親子関係をこれ以上悪くしたくないと伝えましょう。そして何が最善なのか、子どもと一緒に見つけていきましょう。

グラッサー博士は「正義よりもつねに人間関係を優先すること」と言っています。子どもの人生を成功させるのは子ども自身です。親に代わりはできません。親としての意見を述べながら、子どもが失敗から学べるように、干渉しすぎないようにしましょう。

その関わりの土台にあるものは、親子の信頼関係であることをいつも忘れないでください。

思春期の子どもとの関わり合い

中学3年生の息子。ある日突然、話しかけても「別に」とか「普通」とかそっけない受け答えしかしてくれなくなりました。それまでは自分から進んでなんでも話してくれたのに、何を考えているのかさっぱりわからない。

先日、ちょっとした言い合いになり「何がしたいの？」と問い質したら、「言うとおりにしていればいいんだろう！」と怒鳴ってその場からいなくなってしまいました。

思春期の子をもつお母さんの悩みです。子どもが自我を確立させる時期に親が干渉すると、親にコントロールされているようで、子どもは強い不快感を示すことがあります。親が心配して関わろうとすればするほど反発し、距離を置こうとします。

磁石のように愛情でピッタリくっついていた間柄だったのに、急に相手がそっぽを向いてしまい、今度は近づくほど反発し合うようになってしまう。思春期の子どもとは無理に距離を縮めようとせず、親はコントロールを手放すことが大切です。

普段から「遅くまでテレビを見てはダメ」「食事中にスマホを使うのはダメ」など、「〇〇しちゃダメ」と細かく注意していませんか？

小さいころは素直に親の言うことを聞いていた子も、成長するにつれて自由が奪われるような感覚になります。

「〇〇しちゃダメ」を減らすいい方法があります。あらかじめ家族間でルールを決めておくのです。

「テレビは夜10時までにする。どうしても見たい番組は録画して、あとから見る」

「スマホは食事の席には持ち込まない。自分の部屋に置いておく」

こうしてルール化しておけば、強制感がなくなります。ルールを決めるときのポイントは、子どもの要望をうまく汲み取ることです。「スマホを持ちたい」と言ってきたら、「いいけど、夜は10時までね」「食事中に使うのはマナーが悪いから、部屋に置いておいてね」と子どもの意見を汲んで、お互いに納得のいくルールをつくりましょう。

一度ルールを決めたら、できるだけ口を挟まないようにします。ルールを守れないときもあるでしょうが、子どもは何度も失敗しながら成長していくものですから、焦らず、感情を爆発させず「夜10時以降は、スマホを使わない約束だったよね」とさりげなく指摘しましょう。

子どもは自我が確立していきますから、どんどん束縛を嫌っていきます。わかっていてもできていないことを注意されたら、うっとうしいと感じるのは子どもだけではないはずです。

ルールを決めて、それが守れるかは子どもに任せる。

とはいえ放任や無関心とは違います。子どもの行動を見守りながら、ルールを守れなかったときは、気づきを与えるように言葉がけをし、それ以外のときはできるだけ口を挟まない。叱らなければいけないタイミングは、前述した人としてやってはいけないこと、社会のルールを破ったときだけです。


思春期の子どもは、ほとんどのことは自分でできる。やってみたいと思っています。親はその気持ちを尊重して、過保護、過干渉にならないように気を配りながら、「必要があればいつでも力になってあげるよ」という気持ちで寄り添ってください。

そうした親の思いやりは、子どもが大人になってから気づくものですし、素直になれず、時には反発することはあっても、親の愛情は肌身で感じているはずです。

約束・ルールを守らないときは

インターネットを見るときは親の許可をもらう。
テレビやゲームは1日2時間までとする。
LINEは夜10時以降禁止。

決まり事を定めておくことで、子どもに7つの致命的習慣を使うリスクを減らせます。

何か起こってから解決に乗り出すのではなく、あらかじめルールにしておけば、強制せずに子どもの問題行動につながるようなものを防いだり、回避できます。

ルールを決めずに、その場かぎりの対応しかしないと、根本的な解決にならず、何度も注意したり、指摘するたびに子どもとの関係が悪くなる可能性があります。

前項で述べたように、ルールは親が一方的に決めるのではなく、必ず子どもと交渉して決めましょう。

「お母さんが、○○が夜中までスマホをやってて朝起きられないから、夜はお父さんが預かったほうがいいんじゃないって話しているけど、どう思う？」

「絶対に預けたくない」

「そうか。それじゃあ、お父さんとルールを決めよう。朝起きられるためには、スマホは何時までには終わらせたほうがいいと思う？」

「11時まで」

「そうか。だけどな、お風呂に入ったり、次の日の準備をしたりすることを考えたら、11時は少し遅いんじゃないか？　11時から始めたら寝るのが12時過ぎになってしまうだろう」

「それでも11時がいい」

「そうか。それじゃ、11時までにしよう。でも、もし朝起きられないことがあったら、そのときは10時にするよ。いいね？」

こうして交渉することは、子どもにとっても学習になります。自分の意見を通したいときに、無理矢理したがわせるのではなく、相手の意見を尊重しながらもお互いに満足いく点を見つけるよい訓練です。

子どもはなかなか約束を守れないし、自分の意見を押し通そうとするので苦労するかもしれませんが、譲ってもいい部分は譲り、譲れない部分は決して妥協しないでください。

約束したことは、しっかりと守ってもらいます。

たとえば「宿題はテレビを見終わってからやる」と約束したとします。夜の8時になっても9時になっても、子どもはテレビの前から動こうとしません。途中で「もうそろそろ9時だけど、宿題を終わらせられる？」と確認します。それでも「大丈夫。見終わったらやるから」と子どもがテレビを見るという選択を続けたのであれば、ルールとして決めたことなので、テレビを見終わる時間が夜中になっても宿題をやりきらせます。

ただし、徹夜してでもやらせるのは効率が悪いので、どちらかの親が助け舟を出すのもいいでしょう。

「今日はもう遅いから、明日、早く起きてやったらどうだろうか？」

「うん、そうする」

「あと何時間くらいかかりそう？」

「2時間くらい」

「じゃあ、明日は朝5時に起きてやろう」

このときは親も子どもを5時に起こします。

「○○、5時だよ。昨日宿題をやるって約束したよね。お父さん見ててあげるから、さぁ一緒にやろう」

子どもが約束を守れるようになるためには、親も子どもも真剣勝負です。

訓練と罰の違い

強制されたり、罰を与えられたり、罪悪感を植えつけられたり……。苦痛感情を味わいながら教育されてきた子どもは自信を失います。

子どもたちは、失敗を重ねながらもうまくいく方法を見つけて、成功体験を重ねることで自信をつけていきます。

先日、友人からこのような話を聞きました。

彼には中学3年生の娘さんがいて、その日はちょうど15歳の誕生日だったそうです。

お母さんが家でお祝いの準備をしていると、娘さんが目を真っ赤に腫らし、ぽろぽろと涙を流しながら帰ってきました。

驚いて理由を尋ねると「友だちからもらった誕生日のプレゼントを先生に

没収されて頼んでも返してくれない」と言います。
詳しい経緯は次のようなものでした。

休み時間、友だちからプレゼントをもらって、盛り上がっているところで、始業のチャイムが鳴りました。いつもならすぐに着席するのですが、みんな気分が高揚していて、チャイムを聞いても席には戻らず、その場でおしゃべりを続けていました。

そこへ先生がやってきました。ほんとうなら自分の席で静かにしていなければならないわけですから、当然、怒られます。
「何をやっているんですか。始業のチャイムは聞こえなかったの？」
そういって先生は、娘さんがもらったプレゼントや手紙などをすべて取り上げました。

ここまでは当然の結果です。規則を守る大切さを教えるために、先生はプレゼントを没収したのでしょう。

ただ、友人はそのあとの先生の対応を聞いて賛成できませんでした。先生は、取り上げたプレゼントや手紙を放課後になっても返そうとしなかったそうです。

誕生日にもらったプレゼントや手紙ですから、その日のうちに開けてみるものです。その子がお友だちから祝福されてうれしい気持ちまで奪ってしまっては、持ち物を没収したことが「訓練」ではなく「罰」になります。

詳しい事情を知った友人はすぐに先生のところへ出向いて訴えたそうです。「恐れ入ります、娘がいつもお世話になっております。ありがとうございます。今日は娘が授業中に騒いでご迷惑をおかけしてしまったそうで、大変失礼いたしました。

友人たちからもらったプレゼントや手紙を先生に取り上げられたことも聞きました。取り上げられたことは仕方がないと思っています。うちの娘が悪いわけですから。

わたしは、取り上げられたことについて何も言うつもりはありません。ただ、先生がその日の放課後になっても返してくれなかったことに関しては少々疑問を感じます。

わたしが先生だったら、放課後に居残りをさせて、懇々と諭して、何時間かかったとしても反省を促し、反省が確認できたら、取り上げたものをすぐに返してあげるでしょう。

先生はどのように思われますか？　罰を与えることで、子どもの人格形成にどんな影響を及ぼすとお考えですか？」

「先生がいいと思うまで預かっておく」とは、先生の判断を一方的に押し付けています。「十分に諭し、反省を促す。反省すれば返す」というのは子どもの意見も尊重しています。

前者は罰であり、後者は訓練の一貫です。

先生に敬意をもって接するのは親として当然のことですが、もし先生が子どもに対して7つの致命的習慣を使ったときは別です。

親が緊急出動する場面です。これは、いわゆるモンスターペアレンツとは違います。子どもの自己愛を守る行為です。

先の例では、親が先生に直談判した結果、先生は友人の話に納得し、「娘さんが反省しているようなら、預かっていたプレゼントを返します」と約束してくれました。

約束が得られた時点で父親としての役目は終わりです。

娘さんに「先生とは話がついたから、まずはきちんと先生にお詫びをしなさい。今回の件について反省しているのなら、それをしっかりと伝えなさい。そうしたらプレゼントを返してくれるはずだよ」と言い残し、娘さんと先生が話をするのを少し離れた場所から見守っていたそうです。

子どもが学校で叱られたり、罰を受けたと知ったときは「先生に怒られるようなことをしたおまえが悪い」と決めつけず、事実をきちんと把握しましょう。そのうえでおかしいと思うことがあれば、学校に足を運んで事実を確認する。それでも賛成できなければ、自分の意見をしっかり主張しましょう。

もちろん、親として反省すべき点はなかったか振り返ることは大切ですし、学校や先生に対して敬意をもって進めなければいけませんが、自分が間違っていると思うことは遠慮せずに、伝えるべきです。

家庭であっても、学校であっても、親として子どもの人格育成にとってよい教育をすることには変わりありません。

「親の背中を見せて育てる」の落とし穴

先日、息子が通う学校の校長先生から次のような話を聞きました。

おれの背中を見て育て。

黙っておれの後ろを付いてくればいいんだ。

こうした育て方は、親が立派であればあるほど子どもにとってプレッシャーになるというのです。

子どもは自分と親を比べて、劣等感を抱いたり、自己信頼感を下げてしまうことがあります。「親の背中を見せて育てる」という考え方は必ずしも最適な子育て方法ではないと思うのです。親が偉大すぎると、子どもは負担に感じるかもしれないからです。

言われてみれば、著名人やプロスポーツ選手の二世たちが、鳴り物入りで登場したにもかかわらず、思うような結果を残せず、表舞台から姿を消していく。このような光景をときどき目にします。

すべての原因が親の存在にあるわけではないでしょうが、親が成功しているほど、子どもは比較され、縛られて、本来の自分がもっている才能を伸ばしきれないのかもしれません。

ちなみに親がしっかりしていない場合はどうなるのか?

先生によれば、子どもは親の姿を反面教師に奮起するそうです。

子どもは「成功している親」「完璧な親」を求めているわけではありません。少しぐらい不完全な部分があっても隠さない。欠点を笑い飛ばせるくらいの親のほうが、子どもも「自分は不完全でもいいんだ」と自分自身を認められるようになります。

子どもが他人の悪口を言ったときには

友だちの悪口を言う。友だちを叩いた。弱い者いじめをした。

子どもがこうした振る舞いをしたとき、親はすぐに〝正しさ〟を教えようとします。もしくは「なんでそんなことしたの」「〇〇しちゃダメ」「〇〇しなさい」などと、禁止や命令をしてしまいがちです。

子どもに指導が必要だと思ったら、まずやるべきことがあります。

それは、子どもの気持ちに寄り添うことです。

子どもが友だちの悪口を言ったとき、親はどう受け止めるべきか？

「〇〇、サッカーが下手でさ。今日も何回もボール取られて、足は遅いし、全然違うところにパスをしてくるし。チームのみんなが言ってるよ。あいつがいたら次の試合は勝てないって」

「ふーん。そうなんだ。でも、〇〇くん、サッカーがんばってるんだろう?」

「それはそうなんだけど……」

「みんなが悪口を言っているのを聞いて、おまえはどう思った? 〇〇くんは真面目にやっているんだろう。その姿を見てどう思った?」

「うーん、確かにがんばっているけど、やっぱり下手なんだよ」

このように友だちではなく、本人の問題として捉えるよう働きかけます。


似たようなケースです。今度は実際に自分の子どもが仲間に加担して友だちをいじめている姿を見てしまったら、親はどうすべきでしょうか。

お父さんは小学4年生の息子さんが出場する野球の試合を見に行ったそうです。チームメイトの中にあまり野球がうまくない子がいて、その子が空振りをしたり、三振をしたり、エラーをしたりすると、息子さんもほかの仲間と一緒になって大喜びしたり、その子の名前をはやし立てたり、馬鹿にしていたそうです。

このように、ほかの人の人格を傷つけるようなことは、なんとしても止めさせなければなりません。試合が終わったあと「ああいうのは悪いことだよ。もっと思いやりをもちなさい」と軽く言うだけでは、子どもに事態の大きさが伝わりません。はじめて見たそのときに厳しく対応します。

「お父さんは、どうしても伝えておかなければならないことがある。これから話すことはとても大事なことだから、しっかりと最後まで聞いてほしい。いいな。○○くんが三振したり、走るのが遅くてアウトになったときに、みんなと一緒になって大笑いしていたな。

○○くんは、みんなに笑われたときにどう思っただろう?

あの子の立場になって考えたことはあるか?

お父さんは、おまえのことを心から愛してるし、信じている。なんだってやってあげたいと思っている。

でも、弱い者いじめだけはしてほしくない。お父さんが一番嫌いなことだからだ。みんなが笑っていても、一緒になって笑うな。

相手の気持ちがわかる人間になってほしいからだ。相手の気持ちを考えたり、物事を決めたりできる人間になってほしいからだ。

お父さんはいじめがほんとうに嫌いだ。○○くんにしたことについてどう思う?」

このように話して、いじめがいかに相手を傷つける行為かを納得できるように話し合います。そして最後に「それじゃあ、これからは絶対にいじめないと約束できるな」と約束します。


最後は、友だちに暴力を振るってしまった事例です。

小学2年生の男の子はいたずら好きで、先日、クラスの女の子を叩いてしまいました。そのことで担任の先生に叱られたのですが、素直に謝らず、「あいつが生意気なことを言ったから叩いた」と反抗的な態度を取ります。

わんぱくな子には、そういったこともあります。もちろん人を叩いたり殴ったりするのはいけないことです。しかし、言葉だけでは実感が湧かないのでしょう。そのようなときは「わが身をつねって人の痛さを知れ」のとおり、罰にならないよう体感させます。

「○○ちゃん、ちょっと手出してごらん。いい、お母さん、これから○○ちゃんの手を叩くよ。いい？　いいね？（手を軽く叩いてから）痛い？」

「痛くない」

「じゃあもう一回叩くよ。いい？　いくよ？（さっきよりも強く叩いてから）どう？　痛い？」

「痛い」

「○○ちゃんは、叩かれたことをどう思った？　嫌だなって思ったでしょう？　お友だちも同じだよ。叩かれて嫌だなと思ってるんだよ。自分が嫌だなと思うことは人にもしてはいけません。わかった？」

「うん」

「してはいけないことをしてしまったときはすぐに謝る。これがルールです。お母さんもね、先生に叱られたことがある。最初からできたわけじゃないんだよ。

人間ってね、失敗から学ぶものなんだ。だから、次からは気をつけてね」

ただ「ダメよ」と言葉だけで禁止するのではなく、相手の痛みがイメージできるようにします。ただし、これは相手に対する物理的な痛みがわからないときに、理解できるようにする方法ですから、かなり慎重に対応してください。

叩く前に「叩くよ。いい？」と確認し、子どもが「ごめんなさい」と言えば、意味を理解しているということですから、それ以上は続けません。「何度言ってもわからないから、教えてるんでしょう！」と何度も同じ方法を使うと体罰になります。

ここでは3つの事例を取り上げましたが、どの場合も親は「正しさ」を押しつけず、子どもが自分で「正しさ」や「人としてのあるべき姿」を見出せるようにサポートをします。

社会人になったら経済的に独立させる

「昔と比べていまの親は子どもを甘やかしすぎる」と言われることもありますが、ほんとうにそうでしょうか？

子どもが望みを叶えられるように親が全面的にサポートする。

わたしは、決して悪いことではないと思います。

甘やかすのと、甘えさせるの違いを述べましたが、少々甘えん坊でも人一倍みんなから好かれて、心のやさしい、思いやりのある子に育てば、子育ては大成功だと思うのです。

ただ、社会人になったら独り立ちさせましょう。家から出るのが難しくても経済的な自立をさせるべきです。

親は子どもが死ぬまで面倒を見ることはできないわけで、子どもの人生は子ども自身で切り拓いていかねばならないのです。

もし、就職先が見つからず、子どもを独立させるのが難しくても、アルバイトなどをしてもらい、経済的にまで依存させないようにしましょう。自立の準備ができていなければ、いきなり補助車輪を外して走らせても大きな失敗になりかねないので、片方だけ外して様子を見る。少しずつ自立させていきます。

結局は、自分で自分の面倒を見なければいけなくなります。親の最後の仕事は、子どもを独り立ちさせることです。

親元を離れたくないと言っても、社会人になったら、経済的には自立させましょう。

あとがき

100点満点の親はいない

最後までお読みいただきありがとうございます。
本書を読まれ、どのような意見や感想をもたれたでしょうか。

「わたしにもできそう」
「自分は思っていた以上にできている」
「パートナーと情報を共有して子育てに役立てたい」

このように感じていただければ筆者としてたいへんうれしく思います。

わたしは、世の中に100点満点の親は一人もいないと思っています。そもそも人間は不完全な存在だからです。

世の中に偉人と呼ばれる人はたくさんいますが、そうした人でも完璧完全ではありません。

不完全であることを自覚しながら、ベストを尽くす。

わたし自身も親として、日々試行錯誤しています。

子育てに画期的な解決策を求めないことも大切です。

子どもとの関係は対話の繰り返しです。

ただ、有用な情報をもたないと適切な判断ができないので、情報を集めて、役に立ちそうな情報に出会えたら、そのうち何かひとつを実践してみてください。なるべく簡単なものがよいでしょう。同時にいくつもやろうとしないことも大切です。

選択理論ではつねに〝今〟の問題を扱います。そして原因は親子それぞれではなく、親子の関係にあります。

「ほら、言ったとおりでしょ」

「どうしてわからないの?」

こうした関わりで、子どもの熱意に水をささないことです。子どもはわからせようとしなくても、失敗から学んでいきます。正しさの押しつけやなだめすかしは、子どもが失敗から学ぶ機会を奪います。子どもは親ではなく、親の関わりや親の姿を通した自らの経験から学んでいくものです。

子どもとの信頼関係を確立することを第一に、親は子どもの代わりをしない。ただし、いつでもよりよい方法を見つける助けになりたいと思っていること。子どもが後悔しないために親にも意見があることを率直に伝えることです。そして、繰り返しになりますが、何より子どもとの信頼関係を大切にしてください。信頼関係があれば、子どもは親の言うことに耳を傾けます。

わたしは子どもたちを学校へ送り出すときに、決まってこう声をかけます。

「思いっきり楽しんでおいで！」

勉強ができる。クラスのお友だちと仲良くできる。クラブ活動で活躍する。愛する我が子に対する親の願いは尽きませんが、それは親の願い。

親はいつでも自分がいきいきと過ごせるように愛情を注いでくれていると いう子どもからの絶対的な信頼。そして、親もそんな子どもの信頼を確信している。親と子の両方が信頼される生き方を確立することで、お互い自信をもった人生を歩むことができます。


親子の信頼関係から子どもの自己愛が育まれます。世界中の子どもたちが、自分を愛し、親を愛し、他者を愛し、未来に希望をもって笑顔で過ごす。そんな日が一日でも早く訪れることを願っています。

２０１５年３月

青木仁志

[著者プロフィール]

青木仁志（あおき・さとし）

1955年3月北海道函館市生まれ。10代からプロセールスの世界に入り、国際教育企業ブリタニカ、国内人財開発コンサルティング企業を経て1987年、32歳でアチーブメント株式会社を設立、代表取締役社長に就任。

自ら講師を務める公開講座『頂点への道』スタンダードコースは講座開講以来24年間で610回開催、新規受講生は29,552名を数え、国内屈指の公開研修となっている。その他、研修講師として会社設立以来延べ329,601名の研修を担当している。

2010年から３年間、法政大学大学院政策創造研究科客員教授として、講義「経営者論特講」を担当し、法政大学大学院　坂本光司教授が審査委員長を務める「日本でいちばん大切にしたい会社大賞」の審査委員も務めるなど、中小企業経営者教育に力を注いでいる。

著書は、15万部のベストセラーとなった「一生折れない自信のつくり方」をはじめ、「松下幸之助に学ぶ希望の哲学」など45冊。うち10点が海外でも翻訳され刊行中。

アチーブメント株式会社は新卒学生が2万名以上エントリーをする人気企業として、2013年2月に日本経済新聞にて掲載された就職希望企業ランキングで総合93位、業種別では情報、広告、レジャー、ソフトウェア、教育などを含む「サービス業・その他」で13位にランクイン。

近年では、80歳でエベレスト登頂を果たした冒険家の三浦雄一郎氏のMIURA EVEREST 2013 Projectスペシャルサポーター、また、全日本F3選手権のパートナーとしての若手ドライバー育成など、目標達成に関わる個人と法人の皆様の支援に携わっている。

法政大学大学院　政策創造研究科　客員教授（2010年～2013年）
一般財団法人　日本プロスピーカー協会（JPSA）会長兼代表理事
一般財団法人　ウィリアムグラッサー記念財団　代表理事
人を大切にする経営学会　常任理事
公益財団法人　日本オペラ振興会 理事
特定非営利活動法人　日本リアリティセラピー協会　専務理事
医療法人社団友志会恵比寿メディカルビュークリニック 常務理事
社団法人　日本ペンクラブ 正会員・国際ペン会員
東京中央ロータリークラブ会員
ブログ：http://www.aokisatoshi.com/diary
フェイスブック：https://www.facebook.com/achievementaoki

アチーブメント出版
公式ツイッター　@achibook
公式インスタグラム　achievementpublishing
公式フェイスブックページ　https://www.facebook.com/achibook

親が読む　子どものための
一生折れない自信のつくり方

2015年（平成27年）３月19日　第１刷発行
2023年（令和５年）５月27日　第３刷発行

著者 ―――――― 青木仁志

発行者 ―――――― 塚本晴久
アチーブメント出版株式会社
〒141-0031　東京都品川区西五反田2-19-2
荒久ビル4F
TEL 03-5719-5503／FAX 03-5719-5513
https://www.achibook.co.jp

装丁・本文デザイン―― 轡田昭彦＋坪井朋子
編集協力 ―――――― 津村匠
印刷・製本 ―――― シナノ書籍印刷株式会社

ISBN 978-4-905154-73-0

青木仁志の本 大好評発売中!

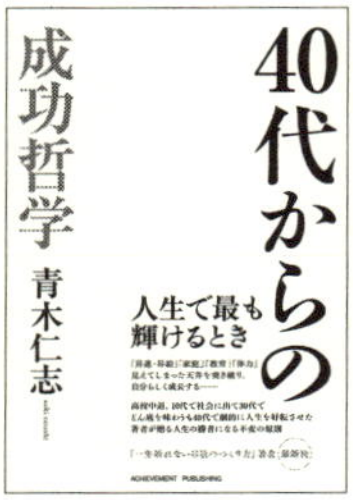

40代からの成功哲学

「昇進・昇給」「家庭」「教育」「体力」——
見えてしまった人生の天井を突き破り、人生の後半に輝きを増して自分らしく成長する人の生き方・考え方。

1,300円(税抜)　四六判・並製・168頁　ISBN 978-4-905154-62-4

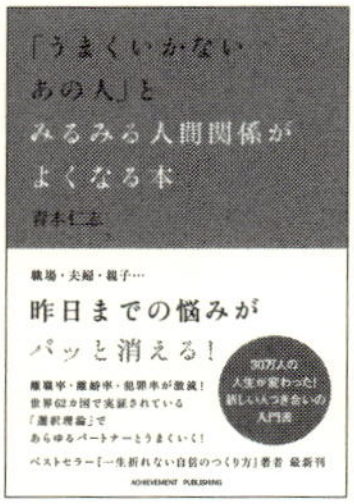

「うまくいかないあの人」とみるみる人間関係がよくなる本

あなたの人間関係がみるみるよくなる!
30万人が変わった研修のエッセンス「選択理論」で
最高の人間関係を築くコツを伝授します。

1,300円(税抜)　四六判・並製・256頁　ISBN 978-4-905154-60-0

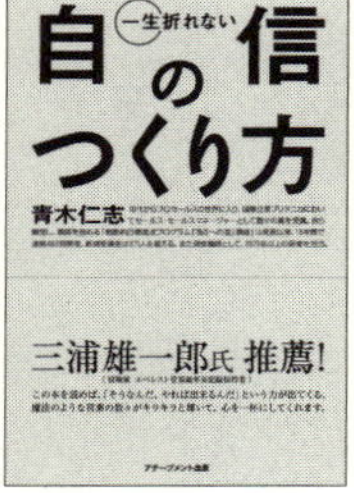

一生折れない自信のつくり方

自信に満ちた自分の姿をイメージしてみてください。そこが自信形成のスタート地点。"マイナス"の思い込みを"プラス"に変えることができれば、人生は必ず好転します。

1,300円(税抜)　四六判・並製・196頁　ISBN 978-4-902222-79-1

15万部突破のベストセラー